CliffsNotes™

다락원
명작노트
045

돈키호테

Don Quixote

미겔 데 세르반테스

다락원　WILEY
Publishers Since 1807

세계의 교양을 읽는다

고전을 왜 읽는가?

인간의 삶과 세상에 대한 영원한 물음이 있기 때문이다. 시대와 사상을 뛰어넘어 지금 여기 우리에게 필요한 물음이 없는 고전은 더이상 고전이 아니다. 인간과 삶에 대한 근원적인 물음 없이 고전을 읽는다면 자신과 인간에 대한 성찰과 지혜로 이어지지 않는다. 논술 시험 때문에, 과제물 때문에, 아니면 남들이 읽으니까, 나도 읽는다는 식이라면 그 책은 죽은 책일 수밖에 없다.

고전을 살아 있는 책으로 만드는 이 '물음!'에 답하기 위해서는 좋은 길잡이가 필요하다. 40년 이상 미국의 고교생과 대학 주니어들이 시험, 에세이 작성, 심층토론 준비를 위해 바이블처럼 애용해온 'CliffsNotes'와 'SPARKNOTES'는 바로 그런 좋은 길잡이의 표본이다. 이 두 시리즈가 원조 논술연구모임인 '일이관지(一以貫之)' 팀의 촌철살인적 해설을 곁들여 〈다락원 명작노트〉로 재탄생해 논술로 고민중인 대한민국 학생 여러분을 찾아간다.

CliffsNotes와 SPARKNOTES의 가장 큰 장점은 방대하고 난해한 고전을 Chapter별로 요약하고 분석해서 원전의 내용에 보다 쉽고 체계적으로 접근하는 신속·간편성이라고 할 수 있다. 여기에 '一以貫之'팀이 원전의 중요한 문제의식, 즉 근원적 '물음'은 무엇이며, 그 '물음'은 오늘날에도 여전히 유효한가, 라는 질문을 다시 던진다.

대입논술로 고민하고, 자칭 타칭의 고전이 넘쳐나는 오늘의 독서풍토에서 지적 정복이 긴박한 대한민국 학생들에게 감히 이 시리즈를 자신 있게 권한다.

一以貫之 논술연구모임 연구실장 이호곤

차례

CliffsNotes와 SPARKNOTES는 방대한 원작을 보다 쉽게 이해할 수 있도록 돕는 안내서입니다. 원작 이해를 돕기 위해 작가와 작품에 대한 배경지식, 그리고 매 장마다 간단한 '줄거리'와 '풀어보기'가 실려 있습니다. '줄거리'를 통해서는 원작의 내용을 명쾌하게 파악함으로써 독서의 즐거움을 느낄 수 있을 것입니다. '풀어보기'에는 원작에 담긴 문학적 경향, 등장인물의 심리상태, 시대상, 주제 등을 설명해 놓았습니다. 비판적 글읽기의 바탕이 되는 요소들이죠. 비판적 글읽기는 소설과 비소설 작품을 막론하고 책을 읽을 때 꼭 필요한 자질입니다.

그 밖에도 작품을 좀더 심오하게 분석할 수 있도록 '마무리 노트', 'Review' 등을 마련해 놓아 독자 여러분의 글읽기를 돕고 있습니다.

* 〈　〉는 장편소설, 중편소설, 논픽션, 시집. "　"는 수필집, 단편소설

● 일이관지(一以貫之) 논술노트

권말에는 一以貫之 논술팀에서 작성한 논술 노트가 실려 있습니다. 원작을 우리의 삶과 연계시켜 비판적 사고와 논리적 글쓰기의 방향을 제시합니다.

● 실전 연습문제

논술예제와 기출문제를 통해서는 원작을 바탕으로 출제 가능성이 높은 논점을 함께 숙고해 봅니다.

작가 및 작품 노트

작품의 개요

〈돈키호테 *Don** *Quixote*〉는 보편적이면서 동시대적인 호소력을 가진 작품이다. 아울러 오늘날 위대한 고전으로 간주되는 사실상 최초의 현대 소설이다. 이 작품은 출판 첫해에는 물론, 오늘날에도 여전히 베스트셀러이며, 누대에 걸쳐 작품에 대한 박학다식한 비평과 분석이 수많은 도서관을 채워왔다. 〈돈키호테〉에는 영화관객들이 숨죽이고 기대하는 해학과 독자들을 울리거나 웃기려고 드는 유치한 예술가의 손이 닿지 않은 자연스러운 성격 묘사가 들어 있다. 이 소설을 통해 여러 가지 강력한 영상을 머릿속에 각인시킨 독자들은 요즘 세상에서도 풍차를 향해 돌격하는 돈키호테와 현실에 밝은 희극적인 인물 산초 판사 같은 사람들을 알아보면서 경탄을 금치 못할 것이다.

작가의 생애 및 시대 배경

미겔 데 세르반테스 사아베드라 Miguel de Cervantes Saavedra는 스페인의 황금시대가 절정기에서 쇠퇴기로 넘어가던 1547년부터 1616년까지 살았다. 그는 스페인이 종교개

---

* **don**: 스페인에서 남자의 세례명 앞에 붙이는 경칭. '~ 씨'에 해당한다. 한편 여성 이름 앞에는 donna를 쓴다.

혁으로 분열된 유럽과 맞서고 터키 제국의 침략 공격에 대항하는 가톨릭의 보루였던 시기에 나라를 영광과 몰락으로 이끈 이상적인 국가 목표에 평생 공감했다.

여러 업적에 고무되어 있던 스페인은 코르테스[*]와 피사로[**] 같은 서사적인 영웅들을 자랑스러워했다. 두 사람은 신세계의 원주민들을 정복했고 카를 5세와 펠리페 2세의 군사력을 뒷받침한 금을 조국에 대량 들여보냈다. 보화의 공급원인 풍요로운 아메리카가 있음에도 불구하고 무적함대의 패배로 나라가 회복불능의 빈곤에 빠질 때까지 스페인의 국방정책은 농민들과 여러 식민지의 자원을 고갈시켰다. 스페인 제국의 쇠퇴로 영국과 유럽의 개혁 국가들이 세력을 펼치기 시작했다.

가난한 환경 출신인 미겔 세르반테스는 7남매 가운데 4남이었다. 외과의사였던 아버지 로드리고는 미겔의 출생지인 알칼라 데 에나레스의 대학교 직원이었으며 급료가 아주 적었다. 세르반테스의 생애 초기에 관해 알려진 사실은 거의 없으나 그가 정규 교육을 받았는지는 의심스럽다.

미겔은 20세 때 로마교황 사절 아쿠아비바 추기경의 수행원이 되어 이탈리아로 갔고 현지에서 스페인 보병부대에 입

---

* **코르테스**(Hernan Cortez, 1485-1547): 스페인의 멕시코 정복자. 식민지탐험대장으로 쿠바 원정군을 패배시키고 멕시코를 탈환하여 식민지를 건설하고 총독을 지냈다.

** **피사로**(Francisco Pizarro, 1475-1541): 스페인의 잉카제국 정복자. 잉카제국의 수도 쿠스코를 점령해 왕에게 바쳤다.

대했다. 그는 동생 로드리고와 함께 스페인이 터키를 누르고
해상권을 장악한 레판토 해전에 참전했다. 갑판 밑의 선실 생
활에 싫증이 난 세르반테스는 적에게 가장 많이 노출되는 위
치에서 전투를 하겠다고 고집했다. 용감하게 싸운 그는 가슴
에 두 발의 총상을 입었고 왼손은 평생 불구가 되었다. 부상당
한 손은 그의 명예를 상징했으며, 레판토에서 보여준 무용으
로 국왕 펠리페 2세의 이복동생이자 스페인군 지휘관이던 돈
후안 대공으로부터 직접 추천서를 받게 된다. 오랜 회복기간
을 거쳐 군대에 복귀한 그는 유명한 라골레타 전투에서 싸웠다.
이어 튀니스, 사르디니아, 나폴리, 시칠리아, 제노아 등에서 참
전했으며, 복무기간 동안 이탈리아 문화에 관해서도 많은 지
식을 얻었다. 로드리고와 함께 스페인으로 귀환하던 도중 그
들이 탄 배가 해적들에게 나포되어 형제는 알제(알제리의 수
도)에서 노예로 팔렸다.

　　세르반테스는 자신뿐만 아니라 수많은 동료 노예들의
해방을 위해 끊임없이 탈출 계획을 꾸몄으며, 5년간의 포로
생활에서 보여준 믿기 어려울 정도의 용맹성은 가히 전설적
이다. 그는 탈출을 기도하는 기독교도들에게 가해지는 잔혹한
처벌을 잘 알고 있었음에도 불구하고 매번 실패할 때마다 단
독 범행이라고 주장했다. 그러나 이 스페인 상이군인의 배짱
에 감동받은 잔인한 알제의 지배자 하산 파차는 계속 목숨을
살려주었다. 결국 로드리고는 보석금을 내고 풀려났으나 미겔

의 몸값 협상은 훨씬 나중에야 성사되었다.

세르반테스는 생계수단이 없는 불구의 몸으로 1580년 귀국했다. 국왕의 미움을 샀던 돈후안이 이미 세상을 떠났기 때문에 그의 추천서로 공직에 발탁될 희망은 물거품이 된 뒤였다. 그는 절망 속에서 극장용 연극대본을 쓰기 시작했다. 이때 쓴 30, 40편의 극본 가운데 현존한 것은 몇 편뿐이다. 이 시기에 포르투갈 처녀와 사랑에 빠졌으나 그녀는 딸 이사벨의 양육을 맡긴 채 미겔을 버리고 떠났다.

나이 40세에 극작가로도 성공하지 못한 세르반테스는 부농의 딸인 카탈리나 살라사 이 보스메디아노와 결혼했다. 그녀에 관해서는 알려진 사실이 거의 없으나 결혼생활은 원만하지 못했다. 이 시기에 세르반테스는 아내 외에 어머니, 전처 소생인 이사벨, 두 여동생, 과부가 된 장모를 부양해야 했다. 공직에 여러 차례 취업신청을 냈던 그는 마침내 무적함대에 공급할 식료품을 모으는 직책을 얻었다. 이를 계기로 스페인 농민에 관해 알게 되었고, 이때 축적한 지식의 결과로 돈키호테의 종자 산초 판사가 탄생했다.

부기 업무는 복잡하고 고되었으며, 계좌의 공금부족을 메우지 못해 두 차례나 감옥에 수감되기도 했다. 세르반테스 연구가들은 〈돈키호테〉의 집필이 시작된 곳이 세비야 감옥인지 여부를 놓고 의견이 엇갈린다. 작가는 서문에서 독자에게 다음과 같은 암시를 준다. '독자 여러분은 이 작품이 어느 음울한 감옥에서 태어난 불안의 자식이라고 생각해도 무방하다…' 이 구절이 전기 작가들 사이에서 논쟁을 야기시키는 근거다.

출감 후에는 그의 걸작 집필을 방해라도 하듯 불운이 이어지다가 마침내 1604년에 탈고한 〈돈키호테〉 제1편은 출간 즉시 베스트셀러가 되었다. 출판 후 6쇄를 연달아 찍었으나 세르반테스는 처음에 받은 원고료 외에는 추가 수익이 없었다. 그의 작품에 관심을 갖게 된 레모스 백작과 톨레도 추기경 겸 대주교가 그의 후원자가 되었으나 비참한 생활고를 덜어주는 데는 별로 도움이 되지 않았다.

여전히 가난에 쪼들리고 건강마저 나빠지던 세르반테스는 67세에 〈돈키호테〉의 속편 집필에 착수했으나 그의 착상을 표절한 해적판이 인기를 끌고 있었다. 이 표절판에 대응이라도 하듯 그는 제2편을 단기간에 탈고했다.

그는 57세부터 69세 사이에는 인간이 살아가면서 직면하는 다양한 모순적 상황을 통찰력 있게 그린 단편소설 12편을 모아 〈모범 소설집 *Exemplary Novels*〉을 내놓았고, 〈막간 희곡 8편과 신작 희극 8편 *Eight Interludes and Eight New Comedies*〉도 출판했다. 이러한 희곡들은 그의 초기 작품들이 결코 도달하지 못했던 연극적 재능을 보여준다. 그의 마지막 작품인 〈페르실레스와 시히스문다의 사역 *The Troubles of Persiles and Sigismunda*〉은 배은망덕한 레모스 백작에게 바친 서문 때문에 주목할 만하다. 세르반테스 연구가인 오브리 벨은 세르반테스가 임종 자리에서 쓴 이 글을 '전체 문학 역사상 가장 비감하고 장엄한 고별사'로 간주한다. 시작은 이렇다. "한쪽 발을 이미 등자*에 올려놓았고 죽음의 고뇌가 엄습한 가운데 소생은 위대한 영주인 각하께 이 글을 씁니다." 세르반테스는 4월에 세상을 떠났는데 윌리엄 셰익스피어도 같은 달에 유명을 달리했다.

〈돈키호테〉는 세계에서 가장 긴 작품일 뿐만 아니라 가장 많이 읽히는 소설 중 하나지만 작가이자 스페인에서 가장 위대한 예술가의 생애는 그다지 많이 알려져 있지 않다. 그나마 확인된 행적에서 나타나는 두드러진 점은 빈곤하고 불운했던 그의 개성에서 방사되는 정력과 온정이다. 자부심 강한 가톨릭 정신에 고취된 스페인적 유산의 산물인 세르반테스는 종교적 정통성과 군사적 영웅주의를 신봉했고, 돈키호테처럼 강렬한 목적의식을 지니고 인생을 여행했다. 그리고 그의 주인공처럼 불운과 환멸을 겪으면서 아마도 자기 인생 경험의 결과인 이 소설의 등장인물들과 가치관을 통해 인류문명에 기여했다.

---

* **등자**: 말을 탔을 때 두 발을 디디게 되어 있는 물건.

Chapter 별
정리
노트

독자에게 바치는 작가의 서문

:줄거리 '의붓자식'을 찬미나 사과를 통해 독자에게 추천할 수 없었던 세르반테스는 "나는 이 책을 집필하는 데 상당한 시간을 바쳤지만 그건 이 서문을 쓰는 노고에 비하면 절반도 되지 않았다"고 적었다. 그는 서문이 풀려나가지 않을 때 예고 없이 찾아온 친구를 반갑게 맞으며 자신이 처한 어려움을 하소연한다. 간단한 문제에 끙끙대는 그에게 친구가 웃으며 던진 생생한 조언은 이렇다. 작품이 유식해 보이도록 하려면 가장 적절한 문맥에 라틴어 구절을 마구 삽입해라. 그리고 여기에 유창한 사이비 과학적인 언어를 구사해 각주도 제공해라. 끝으로, 어느 책에서 알파벳순의 저자 명단을 모두 베껴 넣어 독자에게 감명을 주는 참고문헌 목록을 꾸며라.

한편, 〈돈키호테〉가 범속한 이야기책이 되려면 약간 다른 조치가 필요하다며, "순수한 자연만을 그리는 것이 자네 일이므로… 가급적 흡사하게 모방하면 할수록 자네의 그림은 더 좋아진다"고 조언한다. 뿐만 아니라 〈돈키호테〉의 목표는 단순히 '기사 이야기책이 세상에서 부여받는 권위와 지지를 파괴하는 것'이므로 다른 책들을 인용할 필요는 없다. 자네는 '무지한 사람들의 관심과 현명한 사람들의 존경을 불러일으키고' 싶겠지만 이 책의 주목적, 즉 '사람들이 싫어하는데도 불구하고 이상하게 어마어마한 인류를 매료시킨 잘못 지어진 방대한 분량의 기사 이야기책을 타도하는 일'에 관심을 고정시켜야 한다. 세르반테스는 이 친구의 주장이 매우 설득력 있어서 이야기 전체를 서문 형식으로 집필하게 되었다고 밝힌다.

 서문은 작가가 훌륭한 이야기꾼이란 것을 보여줌으로써 독자들이 더 재미난 일화를 찾아 책을 펼쳐보도록 교묘하게 유도하는 기능을 발휘한다. 게다가 독자는, 자신의 능력 부족을 언급하고 자기 생각이 전개되는 과정을 보여주기 위해 친구와 나눈 대화를 옮기는 모습에서 작가의 솔직한 태도를 즉각 감지하게 된다. 더불어, 이 유명한 라만차의 기사에 관한 이 '범속한 이야기' 속에는 사이비 학문이 등장하지 않고, 따라서 이야기가 분명 진실하다는 것도 알게 된다.

이처럼 세르반테스는 직접적인 설명과 사례를 통해 자연 현상에 관한 적절한 표현이나 그림처럼 사실적인 세부 묘사, 기사 이야기책들의 해로운 영향을 파괴하기 위한 집필 의도 등 작가로서의 중요한 여러 자질을 과시한다. 아울러 즐겁고 교훈적이며 진실한 이야기를 약속할 뿐만 아니라 〈돈키호테〉는 피상적이지 않고 '현명한 사람들'이라면 읽는 과정에서 많은 생각거리를 발견하게 될 작품이라고 넌지시 말한다.

제 1 편

제1권

Chapter 1
라만차의 유명한 돈키호테의 성격과 생활방식

: 줄거리 라만차의 시골 양반 알론소 키하노는 가정부와 젊은 조카딸과 함께 산다. 그는 사냥과 영지 관리는 뒷전으로 하고 기사에 관한 책을 탐독한다. 세르반테스는 기사 이야기책들의 내용이 극히 비논리적이기 때문에 가난한 신사가 그처럼 황당무계한 이야기에 밤낮으로 탐닉하면 이성을 잃는 것이 당연하다는 것을 보여준다. 라만차의 그 존경받는 시민이 편력기사가 되어야 한다는 영감을 받았다며 그 소명을 좇는 데 필요한 물건을 하나씩 하나씩 모으자 신사의 친구인 마을 신부와 이발사가 걱정하는 것은 물론, 가족들도 대경실색한다. 그는 증조부의 갑옷을 닦아 윤 내고, 일주일 이상 작업해서 투구의 면갑(얼굴 가리개)과 모자를 만들며, 깡마른 자기 말의 이름을 로시난테로 바꾼다. 이것은 편력기사를 주인으로 모시기 전에는 평범한 말이었다는 것을 의미한다. 이제 돈키호테는 순수한 자기 마음의 연인인 귀부인을 지명해야 한다고 생각한다. '애인이 없는 편력기사는 과일이나 잎이 없는 나무이자 영혼이 없는 육체'이기 때문이다. 그는 거의 알지도 못하는 알돈사 로렌사란 이름의 시골 처녀를 선택해서 마음의 연인으로 삼고 둘시네아 델 토보소란 이름을 붙인다.

: 풀어보기 모든 걸작소설의 1장은 작품의 분위기와 주요 등장

인물들을 소개하고 이야기 전개에 관한 은밀한 암시를 하기 때문에 주의 깊게 읽어야 한다.

세르반테스는 주인공으로 게으르고 가난한 중년 신사이고, 평범한 사람들인 가정부, 조카딸과 살고 있다는 사실을 세세하게 설명한다. 돈키호테는 기사 이야기책에 담긴 사건들을 놓고 신부나 이발사와 문학적인 논쟁을 몇 차례 벌였기 때문에 독자는 주인공이 기사 편력을 매우 진지하게 고려하고 있다는 눈치를 채게 된다. 잠시 후, 세르반테스는 이 노신사가 기사 편력을 직업으로 삼을 만큼 강한 의지를 갖고 있다는 사실을 보여준다. 이어 그의 노쇠한 말은 군마로 변하고 남몰래 짝사랑하는 농촌 처녀는 마음의 연인인 정숙한 미인으로 변한다. 모든 기사는 이상적인 애인에게 봉사해야 하기 때문이다.

　　돈키호테는 용감한 공적을 묵묵히 이루기보다는 생각하고 말하는 데 대부분의 시간을 보낸다. 독자는 그가 자신이 중요한 인물이라고 믿는 미친 사람처럼 기사 편력을 시작하는 것이 아니라 역할을 암기하고 연기하는 배우 같다고 볼 수 있다. 이런 견해는 온당하며, 세르반테스는 광인 이론이나 배우 이론을 정당화할 수 있는 충분한 근거를 제공한다. 이는 셰익스피어가 햄릿에게 구사한 기법과 똑같다. 어느 비평 방식이 적용되든, 사실 전달을 위한 세르반테스의 관심을 고려해야 한다. 이 소설 속에 나타나는 과장은 모두 작가가 아니라 돈키호테의 상상의 결과다. 미친 주인공 혹은 배우인 주인공은 항상 세상에서 정의를 실현하고 진리를 발견하기 위해 노력하며, 어떤 상황에서도 진실한 행동을 요구하는 기사도를 따른다. 의지가 강한 돈키호테가 진실을 만드는 방식을 설명함으로써 세르반테스는 자신의 해학의 기조를 보여준다. 예를 들면, 기사가 손수 만든 투구의 면갑과 모자를 완성하고 나서 얼마나 튼튼한지 알아보려고 힘껏 장검을 휘둘러 판지로 만든 투구를 쪼개버리는 장면이 나온다. 돈키호테가 다시 면갑과 모자를 만들 때는 완성하고 나서 내구력 시험을 자제하고, 내구력에 믿음을 갖는 것으로 충분하다고 생각한다. 실체는 언제나 더 약하기 때문이다. 의지력 — 절대적 진실을 보는 능력 — 은 어떤 의심도 용납하지 않는 반면, 물리적 진실은 결코 신뢰할 수 없다.

Chapter 2
돈키호테의 첫 출정

:줄거리 갑옷과 투구를 만족스럽게 차려입은 돈키호테는 첫 번째 모험을 찾아 떠난다. 하루 종일 여행한 그는 황혼녘에 어느 주막에 당도한다. 모험을 한 차례도 찾아내지 못해 실망한 그는 주막을 버팀벽과 해자, 높은 첨탑이 있는 큰 성이라고 생각하며 만족한다. 주인은 이 낯선 손님에게 대접할 음식이 소금에 절인 생선(그날은 금요일이다.)과 보잘것없는 빵뿐이었지만 신사의 광기는 식탁의 음식을 맛있는 송어와 최고급 빵으로 변모시킨다. 시중을 드는 매춘부 두 명은 그의 공상 세계 속에서 신분이 높고 아름다운 처녀들이 되고, 그는 매우 훌륭한 귀부인처럼 대한다. 여자들이 기사가 갑옷 벗는 것을 돕지만 그는 투구를 고정시키는 녹색 리본을 자르지 못하게 한다. 두 여자의 도움에도 불구하고 그는 투구를 쓴 채로 먹고 마시느라 고생하고, 잠도 투구를 쓴 채 자야 한다.

:풀어보기 돈키호테는 주막을 성으로 간주하고 매춘부들을 고귀한 태생의 처녀들로 생각하며 첫 번째 모험에 뛰어든다. 주막 주인은 성주가 편력기사를 접대하듯 이 괴상한 손님을 모셔야 했기에 돈키호테의 의지가 다시 모든 일상적인 상황을 장악하는 형국이다. 그리고 두 매춘부는 자기들이 실제로 지체 높고 우아한 귀부인들처럼 그를 극진히 배려하며 친절하게

시중을 든다. 현실적인 작가는 이번 장에서 독자가 기사의 황당한 언행을 즐기도록 한다. 이러한 희극적 상황과 세르반테스의 객관적인 태도에도 불구하고 돈키호테는 독자조차도 주막이 성이며 매춘부들이 지체 높은 처녀들이라고 믿게 될 때까지 상황을 전개시킨다. 주막 주인은 마치 성주가 기사를 접대하듯 손님이 숙박비도 내지 않고 떠나는 것을 내버려둔다.

Chapter 3
유쾌한 돈키호테의 기사서품식

: 줄거리 돈키호테의 가장 큰 문제는 가급적이면 세력이 막강한 영주로부터 기사 칭호를 받는 것이다. 그는 주막 주인에게 호의를 간청한다. 기사 이야기책을 많이 읽은 주인은 미친 사람의 환상에 맞장구를 쳐주어야 한다는 것을 안다. 주막 주인은 새벽에 기사 임명식을 치르기로 동의하고 돈키호테는 밤새도록 말구유 안에 넣어둔 장비를 지키며 충실히 명상 의식을 이행한다. 짐꾼 하나가 노새들에게 물을 먹이기 위해 다가와 신성한 장비를 옆으로 치우자 돈키호테는 그 가엾은 남자를 공격하려고 돌진한다. 그가 상상의 적을 해치우자마자 또 다른 짐꾼이 짐승들에게 물을 먹이기 위해 접근한다. 그 짐꾼 역시 동료 옆에 쓰러진다. 주변에 적들이 우글거린다고 생각한 돈키호테는 접근하는 모든 이에게 대항할 준비를 한다. 오직 마당의 평화를 보존하고 싶은 영리한 주막 주인은 기사에게 임명식 준비―'2시간의 경계'―를 하라고 간청한다. 돈키호테는 기사 이야기책 속에 설명된 방식에 따라 그 임무를 완수한다.

Chapter 4
주막을 떠난 뒤 기사에게 일어난 사건

: 줄거리　정식 기사로 임명된 돈키호테는 모험을 찾아 새벽에 주막을 떠난다. 그가 우연히 마주친 첫 번째 불의는 나무에 묶인 어린 도제 안드레스와 관련된 일이다. 주인은 단단히 벼르고 소년을 때린다. 돈키호테가 고함을 지르며 기사로서 도전하자 그 시골 사람은 매우 겸손하게 상황을 설명한다. "제 양떼를 돌보려고 이 아이를 고용했는데 너무 부주의해서 매일 여러 마리씩 잃어버립니다. 그래서 꾸짖으면 품삯을 주기 싫어 화를 내는 거라고 합니다. 저를 나쁜 사람으로 만들죠."

　"뭐라고? 내 앞에서 거짓말을 하다니!" 기사가 호통을 친다. "이 나쁜 놈! 약한 젊은이의 결박을 풀고 밀린 품삯을 모두 주어라. 그리고 보내줘. 네가 아이에게 합당하게 지불하지 않는다면 내가 돌아와 너와 담판을 짓겠다." 그 농부가 그러마고 약속하자 만족한 기사는 자부심을 느끼며 가던 길을 재촉한다. 돈키호테가 로시난테를 타고 시야에서 사라지자마자 화가 난 주인은 소년을 다시 나무에 결박하고 가죽띠로 '자기가 갚을 것에 다 덤까지 붙여' 계속 갚아준다.

　용감한 기사는 다른 모험을 찾아 말을 타고 가면서 애인인 둘시네아 델 토보소에게 짧은 헌사를 읊조린다. 이런 기분에 취한 돈키호테는 한 무리의 상인들을 멈추게 하고 위협하듯 창을 겨누며 소리친다. "라만차의 황후이며 비할 데 없는 둘시네아 델 토보소보다 더 완벽하고 아름다운 귀부인은 없다는 것을 인정하지 않으면 그 누구도 지나갈 수 없다." 그의 광기를 알아차린 상인들 가운데 한 사람이 귀부인의 매력을 정직하게 평가할 수 있도록 외모를 조금만 설명해 달라고 요청한다. 의심에 화가 난 돈키호테가 그 사내에게 돌진하지만 로시난테가 비틀거리며 기사를 땅 위에

내동댕이친다. 그 기회를 틈타 노새 몰이꾼 가운데 한 사람이 부러진 창을 집어 들고 팔이 아플 때까지 불운한 기사를 때리기 시작한다. 진탕 두들겨 맞아 일어날 수 없는 돈키호테는 상인들의 무리가 길 아래로 사라지는 모습을 지켜볼 따름이다.

: 풀어보기 불쌍한 안드레스를 둘러싼 모험은, 돈키호테의 간섭이 그가 돕고자 했던 사람을 결과적으로 더 나쁜 상황으로 몰고 가는 사건의 시작에 불과하다. 이 모험을 통해 세르반테스는 상황을 진지하게 고려하지 않고 타인의 일에 성급하게 개입하는 것은 쓸데없는 짓임을 보여주려 했다고 비평가들은 추측한다. 모든 상황에서 자기 신념을 관철시키려는 돈키호테의

의지가 이 같은 무단 간섭을 초래한 것이다. 부유한 시골 농부가 약속을 지킬 것이라 확신하는 편력 기사로서의 임무는 여기서 끝난다. 그리고 이처럼 자기 믿음에 빠진 돈키호테는 순전히 추상적인 애인 둘시네아의 완벽함을 인정하도록 강요하기 위해 비단 상인들에게 도전한다. 그러나 흥정과 에누리가 몸에 밴 비단 상인들은 신념의 문제에서조차 흥정을 한다. 상인 대표가 외모 설명을 요구한 것은 '밀알 하나보다 크지 않지만' 즉각 처벌 받아 마땅한 신성모독 행위다. 그러나 돈키호테는 수긍하지 않는 상인들뿐만 아니라 무식한 노새몰이꾼에게 얻어맞는다. 여기서 세르반테스는, 일반인들이 기본적으로 믿는 것은 신앙적 신조지만, 상상력이 부족해 다른 신념은 인정하지 못한다는 것을 보여준다. 반면, 돈키호테는 자신의 신념과 진리 인식뿐만 아니라 타인의 신념과 진리 인식도 수호할 용의가 있다. 이는 장차 겪게 될 수많은 모험에서 나타난다.

Chapter 5
계속되는 기사의 불운

: 줄거리 일어설 수 없는 돈키호테는 위로가 되는 기사 이야기책의 구절들을 기억해낸다. 그가 암기하고 있던 서사시의 적당한 구절을 아주 큰소리로 낭송하자 그 소리를 들은 행인 한 사람이 그가 쓰러져 있는 곳으로 달려온다. 돈키호테의 이웃인 친절한 농부는 친절하게도 그의 상태를 살펴보고는 일으켜 세워 자기 나귀에 태운다. 그 농부는 로시난테의 고삐를 잡

고 기사를 집으로 데려간다. 가정부와 조카딸, 친구들이 돈키호테를 둘러싸고 많은 질문을 던진다. 돈키호테는 열 명의 거인과 싸우다 말에서 심하게 굴러 떨어졌다는 말 이외에는 입을 다물고 오로지 휴식을 원한다.

Chapter 6
신부와 이발사, 이 창의적인 신사의 서재를 유쾌하고 흥미롭게 정밀 조사하다

: 줄거리 신부와 이발사가 가정부의 안내를 받아 돈키호테의 서재로 들어간다. 그들은 가엾은 신사를 미치게 만든 편력기사 이야기책들을 불태우기로 한다. 그러나 학식을 갖춘 신부와 이발사는 책들을 불 속으로 던지기 전에 제목을 살펴보면서 그들에게 친숙한 모든 책의 가치에 대해 비평하며 의견을 나눈다.

: 풀어보기 세르반테스는 이 장면을 신부와 이발사가 책들을 심리한 다음 판결을 내리는 종교재판처럼 묘사한다. 이런 기법은 돈키호테의 독서 범위가 상당히 넓다는 것뿐만 아니라 기사 이야기책들이 글을 읽을 줄 아는 모든 사람에게 친숙하다는 것을 보여준다. 각 책의 장점에 관해 이야기하는 신부와 이발사는 돈키호테와 비슷한 정도로 황당무계한 생각에 젖어 있다. 두 사람은 기사 이야기책들이 돈키호테가 미친 직접적인 원인이라고 비난하기 위해 책들을 매우 진지하게 다룬다. 그러나 두 재판관은 몇 권의 책을 불에서 끄집어내어, 화형에서

살아난 이 죄 없는 책들은 옆에 다시 쌓인다.

Chapter 7
모험을 찾아나서는 돈키호테의 제2차 출정

: 줄거리　　돈키호테가 갑자기 요란한 헛소리를 하며 잠에서 깨자 친구들이 억지로 침대에 다시 눕힌다. 생각이 단순한 가정부는 책에 귀신이 붙었다고 확신한다. 그녀는 일시 구제되었던 책들마저 들고 나가 모조리 태운다. 한편, 이발사와 신부는 돈키호테의 건강을 염려한다. 두 사람은 서재 입구에 벽을 쌓아 막게 하고, 조카딸과 가정부에게 불 뿜는 용을 탄 사악한 마법사가 책과 서재를 모조리 없앴다고 기사에게 말하라고 당부한다.

기사는 그 설명을 받아들인다. 한편, 의식을 회복하는 듯이 보이는 기사가 편력 여행을 계속하기 위한 준비를 조용히 진행하면서, 산초 판사가 등장한다. 돈키호테가 가난하고 정직하며 무식한 이 농부를 시종으로 봉사하도록 설득하는 데 성공한 것이다. 많은 보상, 특히 어떤 섬을 정복할 경우 시종을 섬의 영주로 임명하겠다고 약속한 돈키호테는 산초에게 혹시 따라올지 모를 추적자들을 따돌리기 위해 한밤중에 몰래 조용히 빠져 나오라고 설득한다.

: 풀어보기　　이번 장은 돈키호테의 상상 속에 담긴 진실의 또 다른 사례를 보여준다. 기사는 사악한 마법사가 자기를 파멸시키기 위해 끊임없이 공작을 벌인다고 믿는다. 그러나 진정한 적은 상상력 없는 단조로운 세계이자, 그 속에서 마법사의 부하인 양 그를 해치려고 덤벼드는 사람들이다. 편력기사가 이

세상에서 모험을 벌이자마자, 서재 문에 벽을 쌓은 보좌신부
와 이발사의 마음속에 존재하는 것과 같은 사악한 마법사들이
추방된다.

그러므로 산초 판사를 대동한 돈키호테는 가급적 빨리
마을을 떠난다. 물질적인 소득을 기대하고 주인을 따르는 순
진한 농부이기는 하지만 산초 판사는 둘시네아 델 토보소란
이상만큼이나 저항하기 어려운 섬의 영주라는 영예의 인도를
받는다. 따라서 산초 판사가 현실적으로 추구하는 것은 탐욕
이 아니라 신념이다. 불쌍한 산초는 뒤에 닥치는 수많은 모험
을 겪는 과정에서 이러한 정신적 긴장과 운명적으로 싸우게
된다.

Chapter 8

**용감한 돈키호테가 무시무시하고 결코 상상하지 못한 풍차의
모험에서 거둔 훌륭한 성과와 후세에 전할 만한 활약**

:줄거리 동틀 무렵 두 여행자는 30 내지 40여 개의 풍차가 흩어져 있는
들판으로 들어간다. 돈키호테는 매우 기뻐서 외친다. "저곳을 보라! 친구,
산초여. 행운이 내게 30, 40명의 거인들을 대적하게 해주셨다. 거인들이
죽으면 우리는 정복에 따르는 합법적인 전리품을 거두리라." 순진한 시종
이 "거인이 어디 있습니까?"라고 묻지만 이미 돈키호테는 방패로 몸을 가
리고 창을 아래로 겨눈 채 로시난테에게 박차를 가해 돌진하고 있다. 그는
첫 번째 풍차의 회전날개를 창으로 찌르지만 날개가 돌아가는 힘에 창이
부러지고 말과 기수는 멀찌감치 나가떨어진다. "그건 풍차라고 제가 아뢰

지 않았습니까?" 산초가 주인을 구하러 뛰어오며 외친다. 돈키호테는 자기 책과 서재를 훔쳐간 그 저주받은 마법사가 이번에는 거인들을 풍차로 바꾸고 그의 승리를 빼앗아 갔기 때문에 자신은 참으로 불운하다고 말한다.

마침내 밤을 지낼 장소를 발견한 산초는 곤히 잠들고, 깨어 있는 돈키호테는 새벽까지 애인 둘시네아 델 토보소를 생각한다. 이러한 명상은 그가 기사 이야기책에서 읽은 내용을 모방한 것이다. 다음날 아침, 또 다른 모험이 나타난다. 노새를 탄 두 명의 수도승이 다가오고, 그 뒤를 수레가 따른다. 일행의 뒤에는 말을 탄 사내와 노새몰이꾼들이 오고 있다. 이들이 곤경에 빠진 공주를 납치해 가는 흑마법사라고 산초에게 말한 기사는 첫 번째 수도승에게 도전하여 공격한다. 수도승이 급히 노새를 몰아 죽을 위기를 피하는 동안 동료 수도승은 있는 힘껏 도망친다. 기사도에 관해 새로운 지식을 얻은 산초는 떨어진 수도승의 물건을 열심히 노획하기 시작하지만 두 명의 노새몰이꾼이 그의 행동을 저지하며 세차게 두들겨 팬다. 돈키호테는 수레에 탄 귀부인에게 자기를 소개하느라 바쁘다. 그녀의 시종인 비스카야 출신의 신사는 기사의 행동에 화를 내고, 두 사람은 거창한 싸움을 시작한다.

:풀어보기 돈키호테는 수많은 모험을 겪는 기사 편력에 즉각 착수한다. 종자 노릇을 시작한 산초 역시 풍차의 모험을 겪고도 여전히 미친 주인을 섬기는 모습을 보면 더욱 황당한 모험에서도 충성을 다하리란 것을 짐작할 수 있다.

풍차와의 전투는 여러 면에서 상징적이다. 크고 육중한 이 기계가, 공격받아 마땅한 각종 무의미한 사회제도든 이의를 제기해야 할 여러 가지 전통이든, 혁명에 의해 혁신할 필요

가 있는 전제 정부이든 개인적 요구에 의해 공격받는 관료 제
도든 여기서는 문제가 되지 않는다. 오직 의지의 힘을 발휘해
야만 모든 것을 공격할 수 있고 성패는 지엽적이란 점이 중요
하다. 우나무노*는 이렇게 쓴다. "나의 돈키호테여, 너의 승리
는 성공이 아니라 모험적인 기상에서 비롯되었다." 돈키호테
는 도전하기 때문에 승리할 뿐만 아니라 정신적으로도 항상
이기는 것이다. 그는 물리적 실패를 외면하는 금욕주의적 성
향을 갖고 있으며 조금 회복되면 다시금 기꺼이 모험을 따라
나선다.

---

* **우나무노**(Miguel de Unamuno. 1864-1936): 스페인의 철학자 · 작가. 저서 〈생의 비극적 감
  정〉 등.

제2권

Chapter 1
비스카야 사람과 돈키호테가 벌인 굉장한 결투의 결말

: 줄거리 두 전사가 상대방에게 치명타를 가하려는 순간, 작가는 애석하게도 유명한 라만차의 기사 이야기를 중단한다고 설명한다. 그러나 그는 무어인들이 점령했던 지방을 여행하다가 시데 아메테 베넹헬리란 역사가가 아랍어로 쓴 오래된 원고를 발견했다. 그 내용이 우연히 돈키호테 이야기와 일치하고, 그 원고의 제2편이 기사와 비스카야 신사의 결투로 시작되기에 작가는 시데 아메테가 기록한 내용을 정확히 옮긴다.

운 좋은 실수 덕분에 돈키호테는 엄청난 타격을 가해 적을 놀라게 함으로써 결투에서 이긴다. 그는 비스카야 신사가 둘시네아 델 토보소 앞에 출두하겠다고 약속한 뒤에야 목숨을 살려준다. 신사에 대한 처분은 둘시네아가 원하는 바에 따른다.

: 풀어보기 세르반테스는 돈키호테와 바스크인 시종의 결투를 신분이 대등한 사람들 사이의 서사적인 전투로 묘사한다. 비스카야 신사는 세상이 동의하지 않는, 자기 계급에 대한 돈키호테적 이념을 갖고 있다. 그는 "내가 신사가 아니란 말인가?"라고 소리치며, 명예를 지키기 위해 돈키호테를 죽이려 한다.

이번 장에서 세르반테스가 도입한 장치는 이야기에 드나드는 화자다. 화자의 객관성을 보장하기 위해 무어인을 작가로 설정한다. 이교도라야 스페인 사람의 공적을 적극적으로 깎아내릴 것이기 때문이다. 이런 방식으로 작가는 돈키호테 이야기가 사실이며 과장이 아니란 것을 독자에게 다짐한다.

Chapter 2
돈키호테와 종자 산초 판사가 나눈 유쾌한 대화

: 줄거리 이번 장은 수행기사에 관해 될 수 있는 한 많은 지식을 얻고 싶어 하는 무식한 종자와 기사 사이에 이루어진 길고 진지한 대화로 이루어진다. 기사는, 함께 정복해야 할 섬들도 많지만 편력기사가 가는 길에 부닥치는 볼품없고 불운한 상황도 수없이 겪어야 한다고 산초에게 타이른다. 이어 돈키호테는 기사 이야기책에서 조제법을 배운 신기한 연고에 관해 알려준다. 이 연고는 몸이 두 토막으로 갈라진 사람도 치료할 수 있다고 한다. 산초는 즉각 이렇게 결정한다. "섬은 잊어버립시다. 그 연고의 비법만 알려주시면 1온스당 3레알을 받고 팔면서 평생 만족하겠습죠." 밤이 되자 두 사람은 염소 목동들의 오두막에서 쉴 곳을 찾아낸다. 염소 목동들은 이들에게 저녁식사와 포도주를 공손하게 나누어준다.

Chapter 3
돈키호테와 염소 목동들이 나눈 대화

: 줄거리 겸손하고 소박한 사람들과 어울리게 된 것이 대단히 기쁜 돈키호테는 식사를 하는 대신, 인류가 자연과의 밀접한 교감 속에서 살았던 황금시대의 갖가지 미덕에 관해 열변을 토한다. 인류가 본성인 순수함, 정직성

을 잃게 되어 횡행하는 폭력에 맞서기 위해 기사단이 조직되었다는 얘기다. 염소 목동들은 그의 말을 이해하지 못하면서도 음식을 먹는 동안 그를 바라보며 경청한다. 갖가지 사상을 진지하게 표현하는 기사에게 존경으로 보답하려는 듯 염소 목동 하나가 어린 소년을 소개하고 소년은 아름다운 노래와 놀이로 일행을 즐겁게 한다. 돈키호테가 연설을 하는 동안 고기와 포도주를 게걸스럽게 배불리 먹은 산초는 노래가 시작되자 곧바로 잠이 든다.

Chapter 4
젊은 염소 목동이 돈키호테 일행에게 들려준 이야기

: 줄거리　 새로 도착한 염소 목동 한 사람이 최근에 죽은 사람에 관한 소식을 일행에게 전한다. 마을 청년 크리소스토모는 마르셀라란 처녀를 향한 사랑 때문에 죽었다. 부유한 상인의 딸이자 성격이 수줍고 용모가 아름다운 마르셀라는 양치기 옷을 입고 산간지대의 초원에서 양떼를 길렀다. 그녀에게 반한 수많은 구애자들이 관심을 끌어보려고 양치기 복장을 하고 양떼를 몰고 산간지대로 들어갔다. 산간지대 전역의 양치기들이 이렇게 애를 태우고 한숨 쉬며 탄식하는 동안 마르셀라는 모든 구애를 외면한 채 수많은 청혼을 거절한다.

Chapter 5
계속되는 마르셀라 이야기

: 줄거리　 돈키호테는 다음날 아침 크리소스토모의 장례식에 참석하기 위

해 염소 목동들과 함께 출발한다. 그들은 검은 옷을 입은 염소 목동 일행과 같은 방향으로 여행하는 말 탄 신사 두 명을 만난다. 기사와 말을 탄 일행 가운데 한 사람인 비발도는 행선지로 가는 동안 편력기사에 관한 대화를 시작한다. 장례식에서 크리소스토모의 친구 한 사람이 추도사를 한다. 외모와 능력, 품성을 너무나 잘 타고난 이 청년이 잔인하고 비정한 애인을 사랑하다가 죽었다는 것이다. 감사할 줄 모르는 마르셀라를 불멸의 존재로 묘사한 아름다운 시가 망자와 함께 매장될 예정이다. 비발도가 나서서 '그처럼 유혹적인 덫과 매혹적인 파멸을 타인들에게 경고하기 위해' 그 시를 잊혀지지 않게 구하자고 간청한다.

Chapter 6
불운한 양치기의 시와 예상치 못한 사건들

: 줄거리   좌중이 듣는 가운데 시가 낭독된다. "절망한 연인"이란 그 시는 거부당한 사랑의 슬픔과 고통을 표현한다. 살인자로 낙인 찍힌 여자가 갑자기 바위 꼭대기에 나타나 항변한다. "내가 아름답다는 이유만으로 나를 사랑하는 모든 사람을 사랑할 의무는 없습니다. 나는 이 불운한 청년들 중 그 누구에게도 격려나 약속 혹은 기만을 하지 않았을 뿐만 아니라 오히려 경고와 충고를 했습니다. 따라서 한 번도 사랑하는 시늉을 한 적이 없는 여자가 고의적인 악행을 초래할 수 없으며, 결혼하지 않겠다는 확고한 결심을 자유롭고 너그럽게 선언한 것은 증오나 경멸의 대상이 될 수 없습니다." 마르셀라가 연설을 마치고 자취를 감추자 모든 사람은 그녀의 미모만이 아니라 분별력과 정직한 태도도 존경하게 된다. 돈키호테는 이 양치기 처녀를 찾아내 전력을 다해 보호할 것을 제안하기로 결심한다.

 이번 장에서 세르반테스는 강한 의지로 과감하게 독립적인 생활방식을 추구해가는 또 다른 인물을 묘사한다. 마르셀라는, 돈키호테가 이 세상에 재현하기 위해 애쓰는 황금시대에 사는 것처럼 생활한다. 따라서 기사는 마르셀라를 남편과 가정에 얽어매는 현실적인 생활 속으로 끌어들이고자 하는 사람들의 모든 간섭에 맞서 그녀의 생활방식을 보호하기로 맹세한다. 마르셀라의 양치기 생활은 돈키호테의 편력기사 생활과 유사하다. 두 사람은 사회가 강요하는 현실을 극복하는 자유의지의 고귀한 모범사례다.

제3권

Chapter 1
악랄한 양구아스 마부들과 돈키호테의 불운한 싸움

: 줄거리　　마르셀라를 찾아다니던 돈키호테와 산초는 쾌적한 들판에서 식사를 한다. 두 사람의 말과 나귀는 부근에서 풀을 뜯는다. 한편, 갈리시아 (양구아스) 마부 여러 명이 같은 들판의 풀밭에서 암말의 무리를 풀을 뜯게 하고 있다. 평소 점잖고 온순한 로시난테가 암말의 무리 속으로 들어가 대담하게 구애를 시작한다. 마부들은 몹시 화를 내며 불쌍한 수말이 땅에 쓰러질 때까지 몽둥이찜질을 한다. 돈키호테는 말을 구하러 뛰어가고 신중한 산초도 주인을 도와 싸운다. 싸움의 형세는 2 대 20이다. 오래지 않아 기사와 종자를 심하게 두들겨 팬 마부들은 살인혐의를 뒤집어쓰지 않기 위해 암말의 무리를 이끌고 서둘러 달아난다.

　　통증이 너무 심해 움직일 수가 없는 돈키호테와 산초는 장시간 토론을 벌인다. 자기가 기사도 법칙을 무시하고 기사 칭호도 받지 않은 불한당들에게 칼을 빼서 당한 벌이니 앞으로 그런 작자들은 산초가 나서서 혼내주라는 것이다. 두 사람은 가까스로 일어나 주막을 향해 절뚝거리며 걸어가는데, 기사는 주막이 성이라고 선언한다.

Chapter 2
기사가 성으로 생각한 주막에서 일어난 사건

: 줄거리　　시설이 빈약한 주막에서 보낸 밤은 두 사람이 겪은 불운의 절정

을 이룬다. 이웃 객실에 투숙한 건장한 노새몰이꾼 한 사람이 주막 주인의
장애인 하녀 마리토르네스가 오기를 뜬눈으로 기다리고 있다. 통증이 심
해 잠을 이루지 못하는 돈키호테는 이 성을 소유한 막강한 영주의 딸이 자
신을 사랑하게 되어 밀회의 기회를 마련했다고 상상한다. 마리토르네스는
시간에 맞춰 나타났으나 노새몰이꾼에게 가려면 기사의 간이침대를 지나
야 한다. 그녀를 붙잡은 돈키호테는 그녀의 아름다움, 매력, 너그러움에도
불구하고 애인 둘시네아만을 사랑한다고 말한다. 몹시 화가 난 노새몰이
꾼이 곤봉을 집어 들고 돈키호테의 턱을 후려치고는 커다란 발로 짓밟는다.
침대가 요란한 소리를 내며 무너지자 주막 주인이 잠을 깬다. 주인은 마리
토르네스를 벌주기 위해 이층으로 달려간다. 하녀는 자고 있는 산초 옆에
숨고, 산초는 커다란 물체가 나타난 것을 발견하고 깜짝 놀란다. 산초가

악몽을 꾸는 듯 팔다리를 허우적거리자 마리토르네스가 맞받아 때리기 시작한다. 주막 주인이 든 등불로 노새몰이꾼은 산초를 발견하고 이제는 그를 때리기 시작하고, 주막 주인은 마리토르네스를 공격한다. 이어 등불이 꺼지자 그 주막에 묵고 있던 경관이 난투극에 끼어든다. 그는 의식을 잃은 돈키호테를 붙잡고 아무런 반응이 없자 "살인이야!"라고 소리친다. 이 고함소리에 모든 사람이 조용히 동작을 멈추고 각자 침대로 살금살금 돌아간다.

Chapter 3
용감한 기사와 훌륭한 종자가 주막에서 겪은 수많은 곤경

: 줄거리   등불을 가지고 돌아온 경관은 돈키호테가 멍투성이인 것을 발견한다. 모든 혼란의 원인이 경관이라고 오해한 돈키호테가 그를 모욕하자 화가 난 경관이 등불로 기사의 머리를 때린다. 돈키호테는 통증을 가라앉히려고 재료를 부탁해 진통제를 조제해서 마신다. 그리고 심하게 구토를 하고 나자 상당히 회복된 느낌이다. 이어 남은 약을 마신 산초는 주인과 달리 심한 부작용을 일으켜 더욱 기운이 없고 발작이 끝나자 아주 비참한 기분이 든다. 그러나 말과 나귀에 안장을 얹고 출발준비를 마친 돈키호테는 주막 주인의 후한 대접에 인사치레만 한다. 주인이 "숙박비는 안 내요?"라고 묻지만 기사는 주인에게 탐욕스럽다며 욕까지 퍼붓고 혼자 말을 타고 달아난다. 뒤에 남아 있던 산초는 마당을 걸어 나가는 순간, 그곳에 있던 여러 명의 건장한 사내들에게 평생 잊지 못할 담요 키질을 당한다.

Chapter 4
기사와 종자의 대화, 그리고 이야기할 만한 다른 사건들

:줄거리 산초는 담요 키질을 당한 것이 너무나 억울하고 치욕스러워서 농사철이라며 집으로 돌아가겠다고 한다. 바로 그때 멀리서 흙먼지가 뽀얗게 피어오르는 것을 본 돈키호테가 말한다. "대군이 접근하고 있다. 오늘은 우리의 운이 바뀌는 것을 볼 수 있을 뿐만 아니라 역사의 영원한 일부가 될 나의 공적도 목격하게 될 것이다." 산초의 눈에는 두 개의 먼지구름으로 보이는데, 그의 주인은 서로 공격할 찰나에 있는 두 집단의 군대로 해석한다. 기사는 거인들과 투구 깃털장식, 문장의 상징을 설명하지만 산초는 먼지 때문에 알아볼 수 없다. 그러나 두 군대가 접근하자 울음소리를 들은 산초가 길을 건너는 두 무리의 양떼라고 경고하지만 때는 이미 늦었다. 무리 한가운데로 돌격한 돈키호테는 양들을 흩어버리고 짓밟아 여러 마리를 다치게 한다. 그 만행에 맞서 양치기들은 솜씨 좋게 돌멩이를 던져 공격한다. 돈키호테는 돌에 맞아 완전히 의식을 잃는다. 이도 두 개만 남고 갈비뼈까지 부러진 기사는 군대를 양떼로 둔갑시켜 그의 승리를 강탈해 간 마법사를 저주한다.

Chapter 5
산초와 주인의 현명한 대화, 시체의 모험과 다른 유명한 사건들

:줄거리 두 사람은 극도로 지치고, 산초가 자루를 잃어버려 먹을 것이 없어 허기가 진 채로 해가 떨어진 다음에도 묵을 곳을 찾지 못하고 계속 터벅터벅 걷는다. 그때 어둠 속에서 여러 개의 불빛이 두 사람 쪽을 향해 오는 것을 본 산초가 겁을 집어먹는다. 가까이 가서 보니 장례 행렬이다. 말

을 탄 20여 명은 흰 상복에 횃불을 들었고, 깊은 슬픔에 잠긴 남자 조문객 여섯 명이 장례 마차 뒤를 따르고 있다. 순간 돈키호테는 책에서 읽은 모험을 떠올리면서 마차에 부상을 입었거나 죽은 기사가 실려 있을 것이라며 그 기사의 복수를 해야 한다고 생각한다. 돈키호테가 그들에게 용무와 행선지를 묻고, 주제넘게 참견을 하며 첫 번째 노새의 고삐를 붙잡는다. 노새가 뒷발로 일어서며 등에 탄 사람을 내동댕이친다. 이어 돈키호테가 무례하게 소리 지르는 사람을 공격하자 겁 많은 일행은 들판으로 산산이 흩어지고 노새에서 떨어진 사람만 남는다. 그는 살려달라고 애걸하며 마을 장례식에 참석하러 가는 성직자라고 신분을 밝힌다. 돈키호테는 사과하고 그 사람을 노새에 태운다. 그동안 산초는 장례행렬이 운반하던 음식을 주워 모은다. 두 사람은 그 음식으로 아주 훌륭한 식사를 하지만 여전히 갈증을 느낀다.

Chapter 6
세상의 어떤 기사도 경험하지 못한 위험하고 놀라운 모험

: 줄거리 갈증을 느끼며 밤길을 계속 가는 돈키호테와 산초는 가까운 곳에서 폭포가 떨어지는 반가운 소리를 듣지만 이어 함께 들려오는 규칙적인 둔탁한 소리에 겁을 먹는다. 산초는 날이 밝은 뒤에 이상한 소리의 원인을 알아보자고 간청하지만 용감하고 단호한 돈키호테는 공격에 대비해 로시난테의 말뱃대끈을 조이라고 명령한다. 그러나 산초는 말의 뒷다리를 함께 묶어 주인이 박차를 가했을 때 움직일 수 없게 만든다. 산초는 "하늘은 제 편입니다. 그러니 주인님께서는 날이 밝을 때까지 참으셔야 합죠." 새벽이 되자 산초는 로시난테의 뒷다리에 묶인 줄을 조용히 풀어주고, 두 사람은 소리가 나는 곳으로 다가간다. 그것은 물레방아의 절굿공이 여섯 개

가 천을 내려치는 소리였다. 돈키호테는 '수치심과 당혹감으로 말에서 떨어질 뻔한다.' 산초가 요란스럽게 웃자 화가 난 돈키호테가 종자를 때린다. "어릿광대 선생, 여기를 보거라. 이 물건들이 물레방아 절굿공이가 아니라 어떤 위험한 모험이었더라면 내가 용기를 보여주지 못했을 것이라고 생각하느냐?" 산초는 용서를 빌고 '항상 경외하며 자신의 영주와 주인님으로서 존경할 것'을 맹세한다.

 이 장은 돈키호테의 상상의 무기들이 장애물을 극복하는 방식뿐만 아니라 주인과 종자의 관계가 발전하는 방식도 보여준다. 주인을 모방하려고 안간힘 쓰는 산초는 로시난테의 다리를 묶어 두 사람을 한 장소에 잡아두는 것이 하늘의 뜻이라고 말하는 것을 전형적인 돈키호테 식 합리화라고 생각한다. 그러나 이 순간 산초는 신념이 아니라 속임수로써 현실을 왜곡하는 모방자이자 광대에 불과하다. 그는 어느 정도 '돈키호테화'할 때까지 진실과 환상 사이에서 혼란을 느낀다.

반면, 돈키호테는 속임수를 전혀 쓰지 않는다. 만사를 상상력으로 이해하는 그는 장애의 외형은 중요하지 않기 때문에 모든 위험을 극복할 힘이 있다. 그는 상상 속의 노력, 이상과 이념에 입각한 강력한 의지의 공격으로 물레방아와 거인들을 정복한다. 어둠 속에서 공포와 불안을 느끼는 산초는 위험을 볼 능력이 없기 때문에 선견지명이 있는 주인의 뒤에 숨어 몸을 움츠리지만 두려워할 것이 없다는 사실이 밝혀지자 기다렸다는 듯 주인공을 조롱한다. 다시 말해, 산초 같은 평범한 사람들은 알 수 없는 위협에 직면하면 이념을 지닌 사람들에게 의존한다. 인류의 영웅들과 지도자들은 항상 자기 의지를 현실에 강요하고 이념에 따라 사태를 왜곡시킨다. 따라서 돈키호테에게 실체는 내적인 자질이며 죽음의 순간에만 이런 힘을 포기한다.

Chapter 7
무적의 기사와 관련된 사건들과 맘브리노의 투구를 탈취한 모험

: 줄거리 돈키호테는 황금색으로 번쩍이는 투구를 쓰고 얼룩말을 탄 기사가 멀리서 오는 것을 본다. 두 기사가 가까워지자 산초는 회색 나귀에 탄 사람이 이발사의 세숫대야 비슷한 물건을 머리에 쓰고 있다고 의견을 피력한다. "터무니없는 소리 마라. 저 사람은 맘브리노*의 투구를 쓴 기사이며, 나는 네가 여기서 기다리는 동안 저 기사와 대적할 것이다." 여행중인 이발사가 새 모자가 비에 젖지 않으려고 놋대야를 머리에 쓰고 있었으므로 당연히 산초가 옳았다. 돈키호테는 적을 향해 돌진하고 가엾은 이발사는 창에 찔리지 않으려고 나귀에서 뛰어내려 힘껏 들판을 가로질러 도망친다. 돈키호테는 투구를 얻고 산초는 자기 나귀의 마구를 이발사의 좋은 마구로 바꾼다. 더 좋은 장비를 갖추게 된 기사 일행은 즐거운 대화를 나누면서 만족스럽게 길을 간다.

---

* **맘브리노**(Mambrino): 돈 리날도에게 황금투구를 빼앗긴 사라센 전사.

Chapter 8
원하지 않는 곳으로 호송되던 불쌍한 죄수들을 석방시킨 전말

 돈키호테가, 쇠사슬에 묶인 채 갤리선의 노예로 일하기 위해 지방으로 끌려가는 12명의 죄수를 호송중인 경비병들을 멈춰 세우면서 다음 모험이 시작된다. 각 죄수들의 이야기를 듣고 난 기사는 경비병들에게 '이것은 하느님과 자연이 자유롭게 창조한 인간을 노예로 삼는 명백한 경우'이므로 죄수들을 석방하라고 요구한다. 돈키호테가 그 요구를 거부한 경비병들과 싸우는 틈을 타 죄수들이 쇠사슬을 풀고 달아난다. 경비병들이 모두 제압되었을 때 돈키호테는 죄수들에게 일일이 귀부인 둘시네아를 찾아가서 자유를 얻게 된 경위를 설명하라고 요구한다. 죄수 우두머리인 악명 높은 악당 히네스 데 파사몬테는 기사가 미쳤다는 것을 알아차리고 동료들에게 신호를 보낸다. 죄수들은 돈키호테가 거꾸러질 때까지 일제히 돌을 던진다. 물건을 모조리 훔친 죄수들은 재빨리 뿔뿔이 흩어져 자취를 감춘다.

Chapter 9
돈키호테가 시에라 모레나(검은 산맥)에서 겪은 사건: 이 이야기 중에서 가장 희귀한 모험

 종교 경찰대가 국왕의 죄수들을 풀어준 사람을 수색할 것이라 걱정하는 산초는 추적을 따돌리기 위해 시에라 모레나를 통과하자는 의견을 낸다. 죄수 두목인 히네스 데 파사몬테 역시 그 산 속에 숨어 있다. 그는 기회가 생기자 산초의 사랑하는 나귀 다플레를 훔쳐 종자의 가슴을 아프게 한다. 그러나 주인이 길 위에 떨어져 있는 커다란 여행가방에서 금화 200크라운을 발견하자 기분이 흡족해진다. 가방에 담긴 물건을 모조리 종자에게 준 기사는 작은 서류가방에 들어 있는 시에만 관심을 기울인다. 다시 길을 가던 두 사람은 버려진 안장에 이어 노새의 시체를 발견한다. 염소 목동들이 해준 이야기로 의문이 풀린다. 훌륭한 가문에서 태어난 한 청년이 많은 죄를 회개하기 위해 이곳에 왔다. 그 청년은 친절한 염소 목동들이나 숲에서 먹을 것을 구하며 황야를 떠돌아다니는데, 정신이 오락가락한다. 돈키호테는 그 청년을 찾아내 곤경에서 벗어나도록 돕겠다고 맹세한다. 문제의 청년 카르데니오가 나타나자 기사는 오랜 친구라도 되는 듯이 열렬히 껴안으며 인사를 한다.

Chapter 10
계속되는 시에라 모레나의 모험

: 줄거리   세르반테스가 숲의 기사라고 부르기 시작한 그 청년은 여러 가지 불운을 이야기한다. 안달루시아의 신사 가문 출신인 그는 비슷한 배경을 가진 아름답고 사려 깊은 루신다와 약혼하기 직전이었다. 그러나 카르데니오의 아버지는 그를 공작의 저택에서 살며 공작의 호색한 아들인 페르난도의 벗 노릇을 하도록 했다. 페르난도는 얼마 전 부유한 농부의 딸과 사랑을 나눴으나 그녀의 신분이 너무 낮아 혼인할 수 없게 되자 열정이 식었다. 그가 카르데니오의 집을 방문해 머무는 동안 루신다를 알게 되고 반해 버렸다. 이 대목에서 청년이 기사 이야기책인 "골의 아마디스"에 대해 언급하자 돈키호테는 참지 못하고 말을 가로막는다. 이어 청년과 기사는 그 이야기의 여주인공들 가운데 한 사람의 미덕에 관해 열띤 논쟁을 시작한다. 카르데니오가 돈키호테에게 큰 돌을 던져 본격적인 싸움이 벌어지자 청년은 숲속으로 모습을 감춘다.

Chapter 11

시에라 모레나에서 라만차의 용감한 기사에게 일어난 기이한 사건들, 기사가 벨테네브로스를 모방해 산 속에서 참회한 이야기

:줄거리 산초와 돈키호테가 말과 나귀를 몰아 더 깊은 산 속으로 들어가면서 기사가 계획을 밝힌다. 산초는 토보소로 돌아가서 귀부인 둘시네아에게 편지 한 통을 전하도록 하고, 그동안 자기는 애인과 너무 오래 헤어져 지낸 편력기사들의 행동을 본받아 황야에서 참회를 한다는 것이다. 그는 광기와 절망을 표현하는 방법을 산초에게 설명한다. "나는 갑옷을 벗어 던지고, 옷을 찢으며, 머리를 바위에 부딪치고, 너를 깜짝 놀라게 만들 수천 가지 이상한 행동을 할 것이다." 종자는 기사에게 너무 자학하지 말라고 간청하지만 막무가내다. 편지를 다 쓴 돈키호테는 둘시네아를 잘 모른다고 고백한다. 주인의 마음의 여인이 바로 그의 이웃인 로렌소 코르출레오의 딸이란 사실을 알게 된 산초는 깜짝 놀란다. 산초가 그 처녀의 여러 가지 미덕과 농민의 습관에 관해 지껄이자 돈키호테는 짤막한 우화를 언급해 종자의 입을 막는다. "그녀의 배경이 어떤지는 중요하지 않다." "내가 생각하는 둘시네아 델 토보소는 세상에서 가장 위대한 공주와 동등하다." 이어, 민요와 소설, 혹은 시, 기도에 찬사가 메아리치는 귀부인들 가운데 그 누구도 살아 있는 사람은 없다고 말한다. "그러한 귀부인들 대부분은 시인들이 재주를 발휘하는 근거가 되는 상상의 소산일 뿐이다…" 산초는 눈물을 흘리며 떠날 준비를 한다.

:풀어보기 돈키호테는 그의 비할 데 없는 여인에 대해 종자에게 설명함으로써 사랑하는 귀부인의 고상함이 실제 인물과는 별 상관이 없다는 사실을 종자에게 일깨워준다. 동시에 기사는,

불과 네 번 본 아름다운 농촌 처녀를 12년 동안 사랑한 알론소 키하노의 의식을 드러낸다. 이 충족되지 않은 짝사랑이 돈키호테에게 기사 이야기책을 통해 낭만적인 염원을 충족시키도록 했을 가능성이 농후하다. '혼란스런 관념들'이 머릿속에 가득한 신사가 알돈사 로렌조에게 자기 아이를 낳게 하여 불멸을 이루려던 소박한 염원을 둘시네아란 이름 아래 시도되는 기사의 영광 추구로 승화시킨 것일 수 있다. 이리하여 세르반테스는 선량한 알론소 키하노의 상처받은 영혼과 호전적인 돈키호테, 기사의 실제 모습에 관한 지식과 의식적인 이상화, 영감을 받은 기사의 광기와 실연한 남자의 거짓 광기 사이의 관계를 설정한다.

광신자들이 영혼의 죄를 정화하기 위해 극심한 고난을 거치는 노력을 하듯이 돈키호테 역시 알론소 키하노의 평범한 영혼을 순화시키기 위해 고행하려 했을 가능성이 있다. 광야에서 광기를 부린 또 다른 이유는 단식하는 기사들처럼 미래의 각종 모험에 대비하려는 욕구다. 사실 주인공의 성격을 드러내는 모험 익살극이 끝나고 이 휴식기 뒤에는 기사가 상황에 대처하는 방식이 바뀐다. 주인공은 단지 작가뿐만 아니라 세상 전체에게 웃음거리가 되는 역할을 부여받으며 이것이 라만차의 기사 이야기 제2편을 지배하는 주제다.

작가는 돈키호테의 심오한 성격뿐만 아니라 주인과 종자 사이의 관계 발전도 암시한다. 전보다 더 의지하게 된 두 사람은 헤어질 때 운다. 주인공에게 참회는 고독한 기간인 동시에 음식을 조달하는 산초의 봉사를 받지 못해 영양섭취가 빈약해져 상당히 여위게 된다. 반면, 주인의 지성에 많이 의존한 산초는 혼자가 되자 전보다 더 멍청해져 주인이 정성들여 쓴 편지를 빼놓고 오고 세 마리 나귀 새끼의 주문을 완전히 까먹는다.(돈키호테를 상징하는 방심 상태) 신부와 이발사는 돈키호테를 치료하기 위해 집으로 데려오는 계책에 산초를 이용한다.

Chapter 12
라만차의 용감한 기사가 시에라 모레나에서 사랑을 표현하기 위해 선택한 미친 짓

:줄거리　돈키호테는 그의 영웅인 골 지방의 기사 아마디스가 겪은 고행을 흉내 내기로 결심한다. 아마디스는 조용한 명상으로 기분을 전환했다. 돈키호테는 둘시네아에게 바치는 시를 쓰고, 수없이 많은 탄식을 하고, 한숨을 쉰다. 그동안 토보소를 향해 가는 산초는 담요 키질을 당했던 바로 그 주막에 머물고 있던 신부와 이발사를 만난다. 두 사람이 돈키호테에 관해 묻자 산초는 두 사람이 겪은 모험과 둘시네아를 찾아가는 현재 임무를 들려준다. 그제서야 산초는 편지를 가져오지 않았다는 사실을 깨닫지만, 신부와 이발사는 산초가 말하는 대로 다시 써주겠다고 약속한다. 그리고 그들은 그의 주인이 산초의 봉사에 대해 백작 영지로 보상하도록 만들려면 우선 '이 무익한 참회'부터 포기시켜야 한다고 말한다. 그러자 산초는 돈키호테를 황야에서 데리고 나올 계책을 듣고 기꺼이 지시를 따른다.

Chapter 13
기록할 만한 사건들과 신부와 이발사가 계획을 실행한 방법

: 줄거리   곤경에 빠진 처녀와 그녀의 호위를 맡은 신사로 위장한 이발사, 신부, 종자가 시에라 모레나 산기슭에 당도한다. 산초는 둘시네아의 가짜 편지를 돈키호테에게 전하기 위해 앞서 간다. 편지 내용은 돈키호테가 참회를 끝내고 즉각 그녀 곁으로 돌아와야 한다는 것이다. 한편, 카르데니오를 만난 이발사와 보좌신부가 그의 불운에 대해 이야기를 듣는다. 세르반테스는 그가 중단했던 부분부터 이야기를 계속한다.

루신다를 사랑하게 된 페르난도는 그녀와 결혼하기 위해 친구를 제거하기 위한 계획을 세웠다. 그는 카르데니오에게 가짜 심부름을 시켜 자기 형에게 보내고 나서 루신다의 아버지로부터 혼인 허락을 받아내 결혼식을 치른다. 카르데니오는 숨어서 약혼녀가 딴 남자와 혼인서약 하는 순간을 지켜본다. 루신다가 약속대로 자살하지 않고 결혼하는 것이 슬퍼 미칠 지경이 된 카르데니오는 황무지에서 슬픔 속에 여생을 보내기로 한다.

제4권

Chapter 1
시에라 모레나에서 이발사와 신부가 겪은 유쾌한 모험

: 줄거리 카르데니오가 이야기를 마치자 일행의 관심은 한탄하는 새로운 목소리에 끌리게 된다. 일행은 남장한 처녀를 발견하고, 아름다운 그 처녀는 자신에 관해 다음과 같은 이야기를 들려준다. 이름은 도로테아이고, 스페인 대공 가운데 한 사람의 가신인 안달루시아 부농의 딸이다. 대공의 아들인 돈페르난도가 열렬히 구애했으나 그녀는 양가 부모의 신분 차이 때문에 애써 무시했다. 하녀를 매수해서 도로테아의 침실로 들어온 그는 결혼과 영원한 정절을 맹세하며 유혹했다. 그날 밤이 지나자 그의 애정은 식어버렸고, 그녀는 페르난도가 곧 결혼한다는 소식을 듣는다. 그녀는 거짓말한 연인의 뒤를 쫓아 루신다의 마을로 갔다가 그곳에서 치러진 결혼식의 놀라운 결말을 듣는다. 혼인서약을 한 직후 기절한 신부의 드레스 속에서 숨겨진 편지가 발견되었다. 그녀는 이미 카르데니오와 약혼했기 때문에 페르난도와 결혼할 수 없다는 내용이었다. 도로테아는 시에라 모레나에 도착한 경위를 설명하면서 이야기를 끝맺는다.

Chapter 2
몇 가지 즐거운 이야기와 아름다운 도로테아의 사리분별

: 줄거리 자신이 루신다의 약혼자란 사실을 밝힌 카르데니오는, 도로테아를 보호하고 무슨 위험이 있더라도 그녀가 돈페르난도에 대한 권리를 찾

도록 하겠다고 맹세한다. 신부가 자기들이 이곳으로 오게 된 연유를 설명하자 모두들 돈키호테의 심각한 광증을 치료해야 한다는 데 의견을 모은다. 도로테아는 기사 이야기책과 친숙하다며 거기에 맞춰 행동하는 법을 잘 알고 있다고 말하고 곤경에 빠진 처녀 역할을 맡겠다고 제안한다.

: 풀어보기　돌아온 산초는 어려운 상황에 빠진 처녀가 당연히 자기 주인과 결혼할 공주라고 생각하고 기뻐한다. 왕국을 지배하게 되면 돈키호테는 종자에게 백작의 영지로 보상할 것이다. 일행은 이내 기사의 은신처에 당도하고, 도로테아는 기사의 발 아래 몸을 던지며 그의 봉사를 간청한다. 기사는 자기가 그녀의 왕국을 되찾을 때까지는 다른 모험에 개입하지 않고 돕겠노라고 즉각 약속한다. 카르데니오와 신부, 이발사, 도로테아를 포함한 일행은 기사와 종자를 고향 마을로 인도한다.

Chapter 3
사랑에 빠진 기사를 참회에서 벗어나게 하기 위한 유쾌한 계책

: 줄거리　자칭 미코미코나 공주인 도로테아는 도움을 요청하게 된 연유를 이야기한다. 잔혹한 침입자인 판다필란도라는 거인이 그녀의 아버지가 죽은 후 왕위를 찬탈해, 목숨을 부지하려고 어쩔 수 없이 탈출했다. 오로지 돈키호테의 도움을 받아야 나라를 되찾을 희망이 조금이라도 있다. 그러고는 아버지가 죽기 전에 거인을 죽인 영웅과 결혼하라고 당부했다는 말도 덧붙인다. 돈키호테는 유일한 사랑은 둘시네아뿐이므로 결혼을 고려할

수는 없지만 반드시 거인을 칼로 베어 죽이겠다고 말한다. 종자를 옆으로 데리고 간 돈키호테는 둘시네아와 만난 일을 빠짐없이 자세히 들려달라고 청한다. 산초는 그럴듯한 이야기를 듣기 좋게 꾸며대다가 어떤 집시가 자신이 잃어버린 듯한 나귀를 타고 멀리서 다가오는 모습을 보자 갑자기 이야기를 중단한다. 집시로 변장한 히네스 데 파사몬테는 산초의 목소리를 듣자마자 나귀에서 뛰어내려 있는 힘을 다해 도망친다. 종자는 다플레를 되찾은 것이 기뻐 눈물을 흘린다.

:풀어보기 도로테아가 지어낸 이야기에서 세르반테스는 진실의 세계는 편력기사의 영역이란 점을 다시 한 번 지적한다. 기사도 정신에 의해 계몽되지 않은 사람들의 몫은 환상이다. 돈키호테처럼 기사도적이고 고귀한 카르데니오뿐만 아니라 신부와 이발사는 특히 계몽이 안 된 사람들이다. 그들은 총명한 도로테아가 곤경에 처한 미코미코나 공주 역할을 하는 모습이 그럴듯해서 기뻐한다. 이 아름다운 농부의 딸이 지위를 박탈당하고 희생된 귀족이란 것을 돈키호테는 즉각 믿는다. 이는 사실이다. 미모와 성품 면에서 공주인 도로테아는 계급적인 면에서 거인인 페르난도에게 영토가 아닌 정절을 빼앗겼다. 자신이 겪은 불의를 바로잡아줄 기사를 찾기 위해 세상의 절반을 여행한 허구의 공주 미코미코나는 실제로 많은 여행을 한 후 그녀를 도와줄 기사 카르데니오를 만나는 도로테아인 것이다.

Chapter 4
다른 모험, 그리고 돈키호테와 종자 사이에 계속된 유쾌한 대화

 산초는 둘시네아가 편지를 받았을 때의 모습과 복장, 행동, 말에 관해 집요하고 묻는 돈키호테의 질문에 답변을 계속한다. 신부가 길 옆의 연못가에서 쉬며 식사를 하자고 부르자 산초는 크게 안도한다. 일행이 식사를 하고 있을 때 청년 하나가 기사 앞에 멈춰 서서 묻는다. "당신이 나무에 묶인 것을 풀어주도록 한 불쌍한 안드레스를 기억하십니까?" 돈키호테는 그 사건에서 발휘한 자신의 용기를 큰소리로 설명하고 소년에게 그 사건의 전말을 일행 앞에서 말하라고 지시한다. 소년은 한 맺힌 슬픈 표정으로 말한다. "예, 주인이 제게 다시 갚아주었습니다. 당신이 떠나자마자 주인은 저를 나무에 묶고 가죽띠로 때려 수많은 상처를 입힌 결과 지금까지 병원에 입원해 있었습니다. 당신이 공연히 끼어들어 제 주인을 모욕하지 않았다면 제 불쌍한 등은 주인의 칼날 같은 화풀이를 당하지 않았을 겁니다." 일행은 가까스로 웃음을 억누르고 불쌍한 안드레스는 산초가 주는 빵과 치즈 한 조각을 허겁지겁 받아들고 제 갈 길을 간다.

Chapter 5
주막에서 돈키호테와 일행에게 닥친 사건

 다음날 하루 종일 말과 나귀를 타고 여행한 일행은 전에 산초가 담요 키질을 당했던 주막에 도착한다. 주인과 아내, 딸, 식기실 하녀 마리토르네스가 차려주는 식사를 하기 위해 일행이 자리를 잡는 동안 돈키호테는 휴식을 취하러 간다. 주막 주인은 대화 도중 자신이 기사 이야기의 연애담에 몹시 심취해 '아침부터 밤까지 계속 기사 이야기를 읽을 수 있다'

며, '기사가 될 생각을 반쯤 가졌었다'고 고백한다. 신부는 돈키호테와 늘 그랬듯이 주인과 기사 이야기책에 관한 논쟁을 시작한다. 두 사람은 유명한 두 기사의 미덕을 열띠게 비교한다. 도로테아는 무식한 주인이 일부 우화적인 기사들의 이야기를 사실로 믿기 때문에 또 한 명의 돈키호테가 되기 직전이란 것을 인식한다. 신부는 전에 묵었던 손님이 주막에 남겨두고 간 원고를 우연히 읽다가 일행의 기분전환을 위해 큰소리로 낭독한다.

: 풀어보기 기사 이야기책에서 접할 수 있는 가장 허황된 우화에 대한 맹목적 믿음은 물론, 기사들의 공적으로부터 얻는 영감이란 측면에서 주막 주인과 돈키호테 사이에는 분명한 유사점이 존재하지만 성격 차이는 매우 뚜렷하다. 주인은 세상을 계속 속일 수 있는 한, 아무렇지도 않게 세상사가 돌아가도록 내버려두기 때문에 아주 온전한 정신으로 집에 머문다. 반면, 돈키호테는 이 세상에서 더욱 고귀하고 영웅적인 역할을 떠맡아 세상을 개혁하고 싶어한다. 따라서 돈키호테의 광기는 고귀한 성격의 직접적인 결과지만 주막 주인의 온전한 정신은 철저한 평범함 때문이다.

Chapter 6
무모한 호기심을 다룬 소설

: 줄거리 피렌체의 명문가 출신 신사이자 사람들이 '두 친구'라고 부르는 안셀모와 로타리오는 안셀모가 아름답고 부유하고 헌신적이고 정숙한 카미야와 혼인한 후에도 돈독한 우정을 유지한다. 친구 관계와 부부 관계에

아무런 문제가 없지만 날이 갈수록 불만이 커지면서 마음이 불편해진 안셀모가 로타리오에게 충격적인 말을 던진다. "카미야의 정절을 시험해 보고 싶은 욕망이 간절하다네. 나는 적극적이고 집요한 구애자를 강하게 거부한 것이 아니라 기회가 없어서 정절을 유지하고 있는 사람을 결코 높이 평가할 수 없거든." 안셀모는 로타리오가 거절하면 다른 사람에게 부탁할 것이라며 카미야를 유혹해 달라고 간청한다. 이어 그는 유혹할 기회를 주기 위해 출장을 떠난다. 로타리오는 많이 자제했지만 카미야에게 깊은 애정을 느껴 진심으로 구애하게 된다. 카미야는 로타리오의 구애를 즉각 거부하고 남편에게 편지를 쓴다.

Chapter 7
무모한 호기심을 다룬 소설 속편

: 줄거리　남편에게 돌아와서 구애하는 그의 절친한 친구로부터 보호해 달라는 카미야의 편지는 무시당한다. 그녀는 더 이상 남편을 귀찮게 하지 않고 직접 문제에 대처하기로 결심한다. 열렬한 로타리오의 유혹을 이기지 못한 카미야는 진심으로 구애를 받아들이고, 그 비밀을 아는 사람은 하녀 레오넬라뿐이다. 며칠 뒤 돌아온 안셀모가 친구에게 자초지종을 들려달라고 부탁한다. 로타리오는 카미야처럼 덕성이 높고 절개 있는 아내는 없다고 힘주어 말한다. 아직도 만족하지 못한 남편은 다시 확인하기 위해 유혹자 역할을 계속해 달라고 부탁하고 충분한 기회를 계속 제공한다.

레오넬라는 마을의 한 청년과 정사를 벌일 정도로 행동이 대담해진다. 어느 날 로타리오는 낯선 남자가 안셀모의 집에서 나오는 모습을 본다. 카미야가 다른 연인과 즐기는 것으로 오해한 그는 질투심에 불타 안셀모를 찾아가 그의 아내가 지금 정절을 포기하려 하므로 남편이 비밀리에 그녀의 부정한 행동을 지켜보아야 한다고 말한다. 한편, 카미야는 하녀의 무분별한 행동에 몹시 화가 나서 로타리오에게 조언을 청하고, 로타리오는 그 일에 대한 오해를 풀고 양심의 가책을 느껴 자신이 저지른 행동을 설명한다. 카미야는 좋은 계획이 있다고 말한다. 남편이 몰래 지켜보고 있다는 사실을 잘 아는 카미야와 레오넬라는 거짓으로 비극을 연출한다. 카미야가 안셀모의 명예를 더럽히느니 차라리 죽겠다고 말하며 위험하지 않은 부위를 자해한 것이다. 이렇게 흠잡을 데 없는 정절과 친구의 성실함을 남편이 믿게 만든다. 남편은 다시 만족하고 행복감을 느낀다.

Chapter 8
무모한 호기심에 관한 소설, 돈키호테와 포도주 자루의 무시무시한 결투

: 줄거리 신부가 책을 낭독하고 있을 때 산초가 허겁지겁 뛰어들며 소리친다. "도와주세요! 도와주세요! 주인님이 미코미코나 공주의 원수인 거인과 싸우고 있어요. 주막 주인과 일행은 내복을 입고 나이트캡을 쓴 돈키호테를 그의 객실에서 찾아낸다. 돈키호테는 잠결에 몹시 흥분해서 포도주 자루들을 거인의 일부로 생각하고 갈기갈기 찢고 있다. 주막 주인이 쏟아진 포도주 때문에 크게 화를 내는 사이 사람들은 돈키호테를 다시 침대에 눕힌다. 신부는 소설을 계속 읽는다.

한편, 레오넬라의 경솔한 행동이 안셀모와 카미야, 로타리오가 즐기는 환상의 천국을 마침내 산산조각 낸다. 어느 날 하녀의 방에서 새어나오는 이상한 소리를 들은 안셀모가 무슨 일인지 보러 간다. 그가 방으로 들어서자 낯선 남자가 창문으로 뛰어내려 달아난다. 레오넬라는 화가 난 주

인에게 아침까지 기다리면 모든 것을 설명하겠다고 약속한다. 이 사건을 듣고 하녀가 모든 일을 발설할 것을 걱정한 카미야는 서둘러 로타리오를 찾아가 피신할 곳을 마련해 달라고 부탁한다. 카미야를 수녀원에 데려다 준 로타리오는 군대에 입대한다. 한편, 새벽에 일어난 안셀모는 레오넬라가 도주한 사실을 알게 된다. 아내와 가장 가까운 친구 역시 떠난 것을 발견한 그는 지나가는 동네 사람의 이야기를 듣고 아내가 간통한 사실을 알게 된다. 너무나 우울해진 안셀모는 죽을 준비를 하고 마지막으로 이런 글을 쓴다. "어리석고 잘못된 호기심이 내 인생을 앗아갔다." 로타리오는 얼마 후 전사하고, 카미야는 몇 달 뒤 죽는다.

: 풀어보기 "자신의 행복에 지나치게 호기심을 가진 남자"라는 중편소설은 비평가들 사이에 논란을 불러일으키는 주제다. 많은 비평가들은 이 이야기가 전체 소설 속에서 설자리가 없다고 주장하고, 꼭 필요한 부분으로 간주하는 비평가도 많다. 세르반테스는 〈돈키호테〉 제2편에서, 여러 이질적인 이야기를 저명한 기사 이야기에 끼워 넣었다는 비판을 받았으며, 제2편을 집필할 때는 이 장치를 반복해서 사용하지 않는다고 다짐한다.

　'무모한 호기심'에 관한 이야기는, 진실을 판단하는 방법으로 시험에 의존하는 남자의 사례를 이야기한다. 안셀모는 아내의 정절을 입증하는 증거를 너무 집요하게 요구하다가 바람과는 달리 아내를 불성실한 여자로 만들고 만다. 반면, 돈키호테는 자신의 각종 이론을 인식의 시험대 위에 결코 올려놓지 않는다. 그는 "보는 것이 믿는 것이다"란 태도가 진실을 밝히는 것이 아니라 거짓말을 노출시킨다는 것을 알고 있으며, 안셀모의 경험이 이런 주장을 분명히 입증한다. 정숙한 아내와 충실한 친구를 두었던 그는 가시적 증거에 의존한 나머지 해방될 수 없는 신념의 희생자가 되어 세상을 떠난다.

이 이야기는 흥미로운 문제를 제기하고 해결할 뿐만 아니라 살아 숨 쉬는 기사와 종자를 만들어내고, 신부의 원고 속에 등장하는 비현실적인 인물들을 비교하는 관점 구실도 한다. 우리는 산초가 낭독을 방해할 때 현실이 허구적 상황에 침입한다는 생각을 하게 된다. 비록 돈키호테가 환상에 빠져 포도주 자루와 우스꽝스러운 싸움을 벌이는 상황에서도 그렇다. 따라서 로타리오와 카미야, 안셀모의 형식적이고 양식화된 이야기가 끝난 후, 독자는 새로운 인식을 가지고 더욱 복잡하고 예측 불가능한 돈키호테와 산초 판사의 모험을 뒤쫓게 된다.

Chapter 9
주막에서 벌어진 여러 가지 놀라운 사건

: 줄거리　문간에 선 주막 주인은 새로 도착한 여러 명의 낯선 손님들을 영접한다. 여행을 위해 얼굴을 대부분 가린 여자와 남자는 종자를 두 명 거느리고 있다. 아무 말도 하지 않는 여인은 깊은 슬픔에 압도당한 듯이 보인다. 그녀를 위로하기 위해 애쓰는 도로테아는 안색이 창백하고 슬픈 표정을 지닌 그 처녀의 미모에 놀란다. 역시 베일을 걷어 올린 신사가 돈페

르난도인 것을 알아본 도로테아는 울음을 터뜨린다. 귀부인은 말할 것도 없이 루신다이다. 그녀와 카르데니오가 다정하게 재회한다. 아름다운 도로테아의 사랑에 깊이 감동한 돈페르난도는 그녀를 자신의 진정한 아내라고 선언하고 성실한 남편이 되겠다고 맹세한다. 이 감동적인 광경을 지켜본 모든 이들이 기쁨의 눈물을 흘린다.

Chapter 10
다른 유명한 이야기와 미코미코나 공주의 이야기

: 줄거리 　산초 판사는 미코미코나 공주가 도로테아라는 이름을 가진 평범한 여자란 사실을 알고 깜짝 놀라며 백작 영지를 결코 얻을 수 없을 것이라고 생각한다. 주인에게 곧바로 달려간 산초는 이러한 계략을 알리지만 돈키호테는 성 안에서 일어나는 모든 마법에 속아서는 안 된다고 주의를 준다. 한편, 페르난도는 도로테아에게, 신부와 이발사가 미친 사람을 안전하게 집까지 데려갈 동안 연기를 계속하라고 독려한다. 이때 주막에 새로운 손님들이 도착한다. 바바리아의 감옥에서 풀려난 한 사내는 여전히 무어인 옷을 입고 있다. 그가 동반한 약혼녀는 소라이다라는 아름다운 '모리스카' 사람이고 기독교도가 되고 싶어한다. 일행 전체가 저녁 식탁에 모이자, 염소 목동들과 식사하던 때처럼 돈키호테는 웅변을 토하고 싶은 과대망상적 욕구에 휩싸인다. 그는 문무(文武)란 두 가지 직업을 비교하면서 군인과 학자의 상실과 보상에 관해 이야기한다.

Chapter 11
계속되는 문과 무에 관한 돈키호테의 흥미로운 연설

 돈키호테는 가장 많은 것을 잃은 대가로 아주 적은 보상을 받는 쪽이 병사임을 증명한다. 특히 병사가 보상을 받을 때까지 생존하지 못할 경우에 그렇다. 반면, 학자는 생명이 보장되고 학문으로 전문직업의 지위를 얻는다. 그러나 고귀한 직업은 군인이라고 돈키호테는 결론짓는다. 저녁식사가 끝나고 일행은 모두 포로에게 지난 이야기를 해달라고 간청한다.

Chapter 12
포로의 삶과 모험

 포로는 터무니없이 무절제한 생활로 인해 자녀들에게 한푼의 재산도 남기지 못한 아버지 이야기를 들려준다. 그와 동생은 군대에 입대했고, 터키에 맞선 대규모 해전에 참전해 승리를 거두었다. 그는 해적선 선장에게 잡혀 오랜 감옥 생활을 하게 된 경위, 그리고 자신이 목격한 여러 전투와 특히 용감했던 페드로 데 아길라르라는 사람에 관해 자세히 설명한다. 돈페르난도는 페드로가 형이란 사실을 알게 된다.

Chapter 13
이어지는 포로의 이야기

 그가 갤리선 노예로 일하던 함대가 알제에서 개선했으나 생활은 변함이 없었다. 주인이 죽은 후 포로는 매우 잔인한 하산 아가라는 배교자이자 알제의 지배자의 재산이 되었다. 그는 부유한 친척들이 보석금을 보낼 기독교 포로들을 가두기 위해 하산 아가가 만든 바그니오란 특수감옥에서 수감생활을 했다. 그러나 포로는 대위란 계급 외에는 특별 수감 자격이 없었다. 바그니오의 마당이 내려다보이는 저택에는 신분이 높은 무어인이 살고 있었다. 몰래 기독교를 믿는 그의 아름다운 딸 소라이다는 은밀하게 그 포로와 연락을 취했다. 그녀는 보석금과 함께 기독교도의 땅으로 탈출하고 싶다는 뜻의 편지를 보낸다. 대위는 아랍어로 쓰인 그 편지를 번역하기 위해 배교자를 포섭한다. 배를 마련하고 바그니오에 갇힌 다른 포로들의 몸값이 충분히 모일 때까지 소라이다와 대위 사이에는 여러 차례 연락이 오간다.

Chapter 14
이어지는 포로의 모험담

:줄거리　2주일 후 탈옥한 포로는 배를 한 척 구입하고, 이 소식을 즉각 소라이다에게 알릴 방법을 강구했다. 출발 순간, 기독교도들은 딸의 도주를 목격하고 큰 소동을 일으킨 소라이다의 아버지와 하인 몇 사람을 강제로 배에 태워 선실에 가두었다. 그들은 배를 대기 편한 작은 만에 도착하자 슬퍼하는 소라이다의 아버지와 무어인들을 풀어주었다. 이어 순풍을 타고 탈출자들은 아버지의 저주가 들리지 않는 곳으로 달아났다. 해적들에게 잡혀 가진 것을 모두 빼앗긴 포로 일행은 마침내 작은 쪽배를 타고 스페인 해안에 상륙한다. 포로는 소라이다가 여행의 갖가지 어려움을 잘 견딘 과정을 설명하는 것으로 이야기를 끝맺으면서, 재산이 하나도 없는 남자에게 얽매여 미래가 암담한 아름다운 자기 약혼녀를 동정한다.

　포로의 이야기는 환상적인 내용은 아닌데, 이는 세르반테스가 자신의 경험을 많이 집어넣었기 때문이다. 세르반테스는 바그니오에 수감되어 있었으나 보석금은 그의 가난한 가족이 보내줄 가망이 거의 없는 액수였고, 그 역시 여러 차례 탈출을 기도했다.

돈키호테가 연설 속에서 표현한 각종 덕목에 따르면 포로는 군인이란 직업을 수행하는 고귀한 사람을 상징한다. 대위의 형(다음 장에 소개)은 학자를 상징한다. 소라이다는 둘시네아 델 토보소로 간주될 수 있다. 둘시네아가 돈키호테에게 영웅주의를 고취했듯 소라이다가 포로에게 영웅적 행동을 부추겼기 때문이다.

Chapter 15
그 후 주막에서 일어난 사건과 주목할 만한 몇 가지 사건

　포로와 소라이다를 동정한 일행은 두 사람을 돕고 싶어한다. 주막에는 객실이 꽉 차 빈방이 없었으나 새 손님들이 갑자기 등장한다. 어린 딸 클라라를 동반한 새 손님은 인도제도의 부임지로 가는 부유하고 영향력 있는 판사다. 포로는 그가 자신의 형임을 알아본다. 일행은 형제의 다정한 상봉을 보고 또 한 번 눈물을 흘린다. 판사 부녀는 소라이다를 다정하게 껴안는다. 모든 사람이 잠자리에 들 때 여자들은 다락방에서 함께 자기로 하고 그 남자들은 밖에 잠자리를 마련한다. 돈키호테는 성 밖에서 경계를 선다. '이 성 안에 있는 보물 같은 여성미를 탐내는 어떤 거인이나 혹심을 품은 방랑하는 악한이 공격하지 못하도록' 귀부인들을 보호하고 싶은 것이다. 평화로운 한밤중에 어느 노새 마부의 아름다운 노래 소리에 모두들 잠을 깬다.

Chapter 16
주막에서 일어난 신기한 모험들과 젊은 노새 마부

:줄거리 도로테아는 노래를 듣게 하려고 클라라를 깨운다. 그녀는 감동해서 흐느낀다. 그녀 얘기에 따르면 노래를 하는 사람은 노새 마부가 아니라 자기들 부녀가 가는 곳마다 따라다니는 부유한 집안의 청년이다. 두 사람 모두 너무 어리고(16세), 돈루이스의 아버지는 매우 부유하고 영향력이 커서 사랑해도 결혼할 수 없는 처지다. 도로테아는 흐느끼는 클라라를 위로해 잠을 재운다.

한편, 마리토르네스와 주막 주인의 딸은 말을 탄 채 경계를 서고 있는 돈키호테를 골탕 먹인다. 처녀가 낮은 목소리로 부르자 전처럼 자기를 사랑하는 것으로 생각한 그는 자기 마음은 둘시네아 것이니까 관심을 거두라고 당부한다. 마리토르네스는 그에게 손만 내밀어 여주인이 조금이라도 연정을 만족시킬 수 있도록 해달라고 간청한다. 돈키호테는 말안장 위에 앉은 채 높은 창문으로 팔을 뻗는다. 마리토르네스는 기사의 손목에 밧줄 올가미를 조용히 걸고 한쪽 끝을 문의 빗장에 묶는다. 이렇게 붙잡힌 신세가 된 돈키호테는 자신이 마법에 걸렸다는 생각만 한다. 조각상처럼 한자리에 꼼짝 않고 서 있는 로시난테가 그의 이런 판단을 굳혀준다. 기사는 말이 가만히 서 있기만을 간절히 바라지만 새벽에 말을 탄 사람들 네 명이 주막에 도착하자 그 가운데 한 사람의 냄새를 맡으려고 몸을 약간 돌린다. 안장에서 미끄러진 돈키호테는 지극히 고통스러운 자세로 매달리는 신세가 된다.

Chapter 17
주막에서 벌어진 전대미문의 기이한 모험들

:줄거리 가련한 기사의 비명 소리에 주인이 잠을 깬다. 마리토르네스가 고통받는 기사의 팔에 묶인 줄을 조용히 풀자 기사는 땅 위에 떨어진다. 네 명의 손님이 신분을 밝힌다. 어떤 대가를 치르더라도 아들을 찾고자 하는 돈루이스의 아버지가 보낸 사람들이다. 청년은 여전히 돌아가기를 거부하고, 그가 이웃집 자제임을 알아본 판사가 진지한 대화를 나눈다. 한편, 주막 주인의 딸은 숙박료를 내지 않고 떠나려는 몇몇 손님과 싸우고 있는 아버지를 도와달라고 돈키호테에게 간청한다. 놀랍게도 기사는 폭력이 아니라 설득력 있는 논리로 해결한다. 기사와 종자에게 놋대야와 나귀 안장을 약탈당했던 바로 그 이발사가 갑자기 주막으로 들어온다. 산초를 알아본 그는 자기 나귀의 마구를 움켜잡고 주먹으로 산초의 코를 때린다. 싸움에 끼어든 돈키호테는 세숫대야처럼 보이는 그 전리품이 맘브리노의 투구라고 설명한다. 산초의 전리품인 노새 마구에 대해서는, 어찌된 영문인지 나귀 안장으로 변했다고 말한다.

Chapter 18
맘브리노의 투구와 나귀 안장에 관한 분쟁과 결판,
기이하기보다는 진실한 다른 사건들

:줄거리 라만차의 이발사인 니콜라스는 장난을 계속하기로 한다. 오랜 직

업상의 경험과 군대 경력 때문에 그는 모든 이발도구에 전문가이며 투구의 모양을 아주 잘 안다고 말한다. 돈키호테가 이발사의 세숫대야가 아니라 턱받이 없는 투구를 들고 있는 것은 의문의 여지가 없다. 신부는 비슷한 견해로 맞장구를 치면서도 노새 안장이 실제로 나귀 안장인지 말 안장인지는 일행 전체가 비밀투표로 결정할 문제라고 덧붙인다. 모두가 이런 결정을 재미있다고 생각한다. 떠돌이 이발사는 일행 모두가 미쳤다고 생각한다. 그때 방금 말을 타고 마당에 들어선 종교 경찰관 몇 명이 논쟁에 끼어든다. 한 경관이 "우리 아버지가 우리 아버지인 것처럼 이 물건은 나귀 안장이오"라고 소리친다. 돈키호테는 그 경관이 거짓말을 한다고 공격하고, 마당에 있는 사람들이 모두 미친 듯이 격렬한 싸움과 말다툼에 휘말린다. 기마 경관들은 분위기가 어느 정도 진정되자 갤리선 노예들을 놓아준 남자의 체포영장을 큰소리로 읽는다. 돈키호테는 편력기사가 일반적인 사법 규칙에 얽매일 것으로 생각하는 경관들의 고지식함을 비웃는다.

 돈키호테가 왕성하고 창의적인 상상력으로 조롱하는 사람들을 그들이 모르는 사이에 진정한 신봉자로 변화시키는 또 다른 상황이다. 주막 마당에서 싸움이 벌어지는 동안 돈 페르난도, 카르데니오, 신부, 이발사는 모두 나귀의 마구로 보이는 물건이 실제로 기사의 군마용 마구라는 돈키호테의 생각을 일제히 지지한다. 기사 자신은 그 장비를 무엇이라고 불러야 할지 확신이 없지만 진실과 환상의 두 가지 의미를 인식하지 못하는 추종자들은 한 가지 견해를 택해 옹호한다. 그들은 미친 사람의 공상을 조롱하고 있으나 돈키호테의 친구들은 실제로 종교 경찰관들과 같은 평범한 사실주의적 상징들에 맞서 상상할 수 있는 권리를 위해 싸운다.

Chapter 19
마법에 걸려 극도로 광포해진 돈키호테와 종교 경찰관들의 모험

:줄거리 신부는 경찰관들에게 미친 사람을 체포해서는 안 되고, 오히려 두세 명의 경관을 동행시켜 신부와 이발사가 돈키호테를 고향 마을로 데려가 치료를 받도록 도와야 한다고 납득시킨다. 한편, 주막에 머물던 다른 투숙객들은 재회와 우연한 해후로 드러난 새로운 미래를 기뻐하며 떠날 준비를 한다. 신부가 떠돌이 이발사에게 세숫대야 값을 지불해 나귀 마구에 관한 다툼을 해결하고, 포도주와 자루 값을 주인에게 보상한다. 그리고 돈키호테를 우차에 태우고 가기 위해 소몰이꾼을 고용한다. 신부와 이발사는 나무막대로 일종의 우리를 만들고 바닥에 짚을 깐 다음 잠든 기사를 조용히 옮긴다. 돈키호테는 너무나 놀란 나머지 저항하지도 소리 지르지도 못한다. 이발사는 꾸민 목소리로, 편력기사의 꽃인 '라만차의 사자'가 이제 라만차로 호송되어 '토보소의 비둘기'와 결합해 기사가 상상한 용맹스러운 자식들을 낳을 것이라고 설명한다.

Chapter 20
기억할 만한 다른 사건들과 돈키호테가 마법에 걸리는 과정

:줄거리 편력기사는 일반적으로 하늘 전차나 날아다니는 짐승의 등에 타 신속하게 호송된다고 평소에 말했으므로 돈키호테는 자신이 이런 마법에 걸린 것을 놀라워한다. 기사 일행이 천천히 이동하는 도중에 부근의 주막

으로 향하는 말 탄 사람들이 일행을 따라잡는다. 새로 나타난 여행자들은 성직자들인데, 종교 경찰대의 기마 경관들이 죄수를 호송하는 방식을 보고 놀란다. 그 가운데 교회법 연구원은 돈키호테와 그의 광기에 관한 기이한 이야기를 전하는 신부의 말에 귀를 기울인다. 연구원은 낭만적인 사랑 이야기책들이 독자들에게 유익한 교훈을 주지 못하며 심미안을 계발시키지 못하는 이유를 밝히며 그런 책을 읽는 데 따르는 폐해를 설교하면서도 작가에게는 여러 가지 상상력 넘치는 사건과 환상적인 인물들을 묘사하는 기술을 시도할 수 있는 무제한의 수단이 되기 때문에 한 가지 장점은 갖고 있다고 덧붙인다.

Chapter 21
편력기사 이야기책과 교회법 연구원의 계속되는 설교

: 줄거리   교회법 연구원은 신부와의 토의중에 연극 비평을 언급한다. 당시 극장용 연극들이 우아한 문체나 극적인 전개가 결여되어 있는 이유는 관객들이 웅장한 장면과 활극에만 관심을 기울이기 때문이고, 공연되는 희극들은 역사적 정확성과 연대순 또는 도덕적 진실이란 측면에서 구성이 엉성하다고 한다.

Chapter 22
산초와 그의 주인의 지혜로운 대화

: 줄거리   교회법 연구원과 신부가 대화에 열중해 있는 동안 산초는 우리에 갇힌 주인과 대화를 나눈다. 그는 마을 신부와 이발사가 수치스러운 술책

을 부리고 있으며, 돈키호테가 실제로 마법에 걸렸다면 자연적인 신체 기능이 멈출 것이라고 단언한다. 기사는 신체가 기능을 발휘하고 있기 때문에 용변을 볼 필요가 있다는 점을 인정하고, 마법이란 상황에 따라 항상 다른 형태로 변하는 점을 이해해야 한다고 당부한다. 신부가 낯익은 사람처럼 보일지 모르나 실제로는 강력한 마법사란 것이다. 산초는 주인이 용변을 보도록 우리에서 나오게 해달라고 요청한다. 풀밭 위에서 감사의 마음으로 휴식을 취하는 돈키호테는 기사 이야기책에 관해 교회법 연구원과 대화를 나눈다. 기사 소설들이 허위이기 때문에 해롭다는 성직자의 비난에 대해 돈키호테는 그런 책에 묘사된 사건과 거론된 인물이 모두 진실의 형태를 갖추었고 역사 속에 기록되어 있다고 단언한다.

Chapter 23
교회법 연구원과 돈키호테 사이에 벌어진 논쟁과 다른 사건들

:줄거리 돈키호테는 수사신부에게 자신의 주장을 증명하기 위해, 한 기사가 불길이 타오르고 괴물들이 가득한 호수에 뛰어들자 어느 비옥한 땅의 새 영지에 도착해 웅장한 성 안에서 아리따운 처녀들의 시중을 받는 자신을 발견하게 되는 기사 이야기책에 묘사된 상상의 사건을 인용한다. 뿐만 아니라 돈키호테는 용감한 무공으로 인해 며칠 후 어떤 왕국의 군주로 책봉되어 '세상에서 가장 훌륭한' 자기 종자에게 백작 영지로 보상할 것을 기대하고 있다고 선언한다. 수사신부는 이 미친 사람의 터무니없는 공상에 놀라움을 금치 못한다. 그때 무리에서 도망친 암염소 한 마리가 갑자기 덤불숲을 헤치고 나와 일행 가운데로 뛰어든다. 뒤따라온 염소 목동은 사람에게 하듯 염소를 꾸짖는다. 그는 이러한 말하는 방식을 설명하기 위해

차분하게 한 가지 이야기를 들려준다.

Chapter 24
염소 목동의 재미있는 이야기

: 줄거리　　염소 목동은 네안드라라는 아름답고 젊은 처녀와 사랑을 하게 되었다. 그러나 안셀모라는 연적 역시 그녀와 혼인하기를 원하기 때문에 그가 유일한 청혼자는 아니다. 불행히도 네안드라는 멋진 치장, 군대의 무용담, 그녀의 마음을 바꾸게 만든 허풍선이의 꼬임에 넘어가 납치되고 말았다. 못된 연인에게 가진 물건을 모두 빼앗겼으나 정절은 온전히 유지한 채 길 가의 동굴 안에 버려진 네안드라를 수색대가 발견했다. 네안드라는 수녀원으로 보내지고, 두 연적인 에우헤니오와 안셀모는 여성의 나약함을 냉소하고 괴로워하면서 염소 목동이 되었다.

Chapter 25
돈키호테와 염소 목동의 결투: 기사가 애써 이룬 귀한 참회의 모험

: 줄거리　　돈키호테는 압제받는 사람들을 해방시키는 것이 의무이기 때문에 그 처녀를 감금 상태에서 구원하여 에우헤니오의 팔에 되돌려주겠다고 선언한다. 염소 목동이 돈키호테가 제정신이 아니라고 말하자 두 사람은 싸우기 시작한다. 두건을 씌운 성모 마리아 상을 들고 오는 참회자들의 행렬이 나타나면서 난투극이 중단된다. 귀부인을 강제로 끌고 가는 납치자들의 행렬로 생각한 돈키호테는 로시난테에 올라타 도전한다. 참회자들 가운데 한 사람이 몹시 기분이 상해 돈키호테를 때리자 말에서 떨어져

누운 채 꼼짝도 하지 않는다. 산초가 울부짖으며 그의 의식을 회복시켜 다시 우리 안에 가두자 일행은 길을 재촉하고 엿새 후 고향 마을에 도착한다. 산초의 아내 테레사는 남편을 다정하게 환영한다. "나귀는 건강한가요? 내 선물로 드레스나 속치마는 가져왔나요? 아이들 구두는요?" 산초는 다소 돈키호테 식으로 대답한다. "이런 평범한 세상에서는 정직한 남자에게 모험을 찾아 다니는 편력기사의 종자가 되는 것보다 더 좋은 일은 없소."

: 풀어보기 산초 부부의 대화를 통해 세르반테스는 동정심과 정확한 대화, 따뜻한 재치로 스페인 농부를 묘사한다. 테레사는 빈틈없고 현실적인 아내이고, 이런 성격은 산초도 마찬가지다. 그러나 남편은 돈키호테와의 인간관계에 의해 성격이 변해 주인의 무보수 종자로 다시 출정하고 싶은 뜻을 밝힌다. 돈키호테처럼 되어 가고 있는 것이다.

제 2 편

제3권

서문

:줄거리 　세르반테스는 자기가 예정했던 〈돈키호테〉 속편을 먼저 내놓은 작가를 맹렬히 비난한다. 이어서 용서하는 자세를 취한 그는 그 작가를 비난할 생각이 없으며 '그의 어리석은 행동이 벌이 되도록 하는 편'을 택하겠다고 쓴다. 그러나 그는 앞으로 자신의 재주를 발휘하는 방식에 더욱 신중을 기해야 한다는 교훈을 담은 몇 가지 우화 속에서 분노를 표현한다.

:풀어보기 　자칭 알론소 페르난데스 데 아베야네다라는 사람이 쓴 〈돈키호테〉 해적판은 심한 비방과 악의에 찬 서문이 없었다면 논평감이 되지 못했을 것이다. 속편을 써서 전편의 인기에 편승하는 것은 작가들에게 드문 일이 아니지만 아베야네다는 책의 서문에서 세르반테스의 고령과 가난한 생활, 영웅적인 손의 부상을 조롱하고 〈돈키호테〉 시장을 빼앗아 세르반테스가 진정한 속편을 판매할 기회를 망쳐놓고 싶다고 썼다.

　〈돈키호테〉 제1편과 제2편 사이에는 시간적 공백이 컸는데, 그를 자극한 사이비 속편의 서문이 나오지 않았다면 세르반테스는 제2편을 끝내지 못했을지도 모른다는 가정도 해볼 수 있다.

Chapter 1
돈키호테의 병세에 관한 신부, 이발사, 돈키호테의 대화

 돈키호테에게 한 달간 완전히 외부와 접촉을 끊고 지내도록 했던 신부와 이발사가 그를 찾아간다. 돈키호테가 정말 나아졌는지 의심하는 두 사람은 만나자마자 기사 편력에 관한 이야기를 시작한다. 돈키호테가 여전히 제정신이 아니라고 확신한 이발사는 세비야의 정신병원에 수감된 미친 사람 이야기를 한다. 그 미친 사람이 바다의 신 넵튠이라고 선언하기 전까지는 모두들 그가 완치된 것으로 알았다. 우둔한 이발사의 기대와는 달리 돈키호테는 그 이야기를 이해하고 불쾌하게 생각한다. "아, 장인 이발사여, 장인 이발사여, 오직 장님만이 채를 통해 볼 수 없소. 나는 넵튠이 아니올시다. 그리고 현명하지 않은데도 그런 척할 생각도 없소이다. 내 유일한 목표는 편력기사단이 완전한 영광을 누린 가장 행복했던 시대를 부활시키기 위해 노력하지 않는다면 비난받아 마땅하다는 점을 세상 사람들에게 일깨워주는 것이오." 세 사람은 기사담의 다른 주제에 관한 토론을 시작하고, 기사 이야기책 속에 담긴 내용이 모두 진실하다고 옹호한다.

 이발사가 정신병원에 수감된 광인 이야기를 하면서 즉각 제2편의 진지한 분위기가 드러난다. 이발사 니콜라스는 돈키호테가 현실 세계에서 너무나 동떨어져 자기 이야기를 이해하지 못하리라고 생각할 정도로 무지하고 어리석은 인간임

이 밝혀진다. 반면, 돈키호테는 세상의 평범한 사람들이 이 노기사가 너무 우둔해서 모르리라 생각하고 자신을 조롱하는 것을 깨달은 것이 분명하다. 제2편의 이야기 전개 과정에서 세르반테스가 돈키호테를 몽둥이질과 풍자희극으로 점철된 행적이 아니라 심리적으로 복잡한 사건과 성격이 발전하는 상황을 겪게 함으로써 그는 바보들의 세상에서 더욱더 비극적인 영웅으로 변해간다.

Chapter 2
조카딸, 가정부, 산초 판사 사이의 논쟁과 기억할 만한 구절들

: 줄거리 조카딸과 가정부는 산초가 돈키호테의 정신을 산란하게 만드는 원인이라고 말하며 그와 주인의 면담을 거부한다. 두 여자를 제지한 돈키호테는 진지하게 산초에게 몇 가지 질문을 던진다. 종자는 두 사람이 겪은 모험이 모두 시데 아메테 베넹헬리가 쓴 이야기 속에 기록되어 있다는 것과 젊은 대학생 삼손 카라스코가 그 책을 읽었다는 사실을 주인에게 알린다. 이 말을 듣고 놀라움을 금치 못하는 돈키호테는 그처럼 광범위한 지식을 구사하는 것으로 보아 그 작가는 강력한 마법사임이 틀림없다고 추측한다. 그는 삼손과 이야기를 나누면서 세상 사람들의 견해를 알아보고 싶은 생각이 간절해진다.

Chapter 3
돈키호테와 산초 판사, 삼손 카라스코의 유쾌한 토의

: 줄거리 '다른 사람들을 조롱하는 재미를 가장 큰 낙으로 삼는 인간'이라고 자세히 묘사된 스물네 살의 대학생은 기사와 종자에게 그들의 이야기 기록이 대단히 사실에 충실하다고 장담한다. 그 책은 스페인에서만 인기가 높은 것이 아니라 멀리는 안트워프의 독자들까지도 사로잡을 수 있다고 말한다. 대학생과 기사는 작가가 집필 과정에서 저지른 여러 가지 사소한 실수를 시정하기가 대단히 어렵다는 것과 창의성 없는 비평가들이 범할 수 있는 지극히 불공정한 평가 등에 관해 논의한다. 돈키호테와 삼손 카라스코가 저녁식사를 시작하는 동안 산초는 잠시 말미를 낸다.

Chapter 4
산초 판사는 의문과 질문 등으로 카라스코를 만족시킨다

: 줄거리　　삼손 카라스코는 시데 아메테의 이야기에 들어 있지 않은 내용을 알려달라고 돈키호테와 산초에게 요청한다. 산초는 기꺼이 타고 있는 나귀를 도둑맞은 경위를 특히 자세하게 설명한다. 재미난 이야기를 끝낸 산초는 '주인이 나의 지배를 받는다면 지금쯤 우리는 들판에서 선한 편력기사가 평소에 하듯 잘못된 행동을 시정하고 악을 바로잡고 있을 것'이라고 단언한다. 이때 로시난테가 큰소리로 운다. 좋은 징조라고 감탄한 돈키호테는 즉석에서 또 한 차례 출정계획을 세운다. 카라스코는 사라고사에서 화려한 마상 창 시합이 열린다는 사실을 친절하게 알려주면서, 돈키호테가 그 시합에서 모든 경쟁자를 물리치면 가장 위대한 기사로 이름을 날릴 것이라고 말한다.

Chapter 5
산초 판사와 아내 테레사 판사의 현명하고 유쾌한 대화

: 줄거리　　세르반테스는 다시 한 번 이야기에 끼어들어 이번 장이 사실 같지 않다고 말한다. 왜냐하면 산초가 농부 신분에 어울리지 않는 이해력과 점잖은 태도로 말하기 때문이다. 종자는 오래지 않아 한 섬의 영주 직책을 보답받을 것이기 때문에 갖가지 모험을 찾아다니는 것이 즐겁다고 아내에게 말한다. 테레사는 자기들 모녀가 세련된 의상을 입고 숙녀 노릇을 하는 것이 즐겁기는커녕 거북하고, 촌스럽다는 비웃음을 당하지 않을까 걱정한다. 사람들은 타인의 과거 환경은 개의치 않고 재산과 세련된 외모를 존경한다고 산초는 주장한다. 그는 "우리가 직접 눈으로 보는 것은 지나간 일

보다 강하게 기억 속에 남는다"고 말한다. 마침내 테레사는 남편에게 영주 지위를 얻는 즉시 아들을 불러 신사로 훈련시켜달라고 부탁한다. 그러나 딸은 고상한 척하는 태도를 가급적 피하도록 노력해야 한다.

: 풀어보기　　제2편에서 소개된 산초 판사는 지적인 소견과 편력 기사의 자질을 과시해 주인을 놀라게 한다. 산초의 지능이 깨어난 것은 분명히 '사실 같지 않은' 현상이라고 세르반테스가 주장한 것으로 보아 작가조차 놀라고 있다. 그러나 종자는 주인의 가르침을 빨리 배우는 학생이며 주입받은 주인의 야심을 아내에게 보여준다. "구두수선공은 분수를 지켜야 하고, 모든 짚신은 제 짝이 있다"는 말을 즐겨했던 산초는 장차 세상에서 백작 행세를 하고 싶어한다. 반면, 테레사는 현상유지를 택하며 바라는 것은 오직 풍족한 식량과 의복뿐이다.

Chapter 6
돈키호테, 조카딸, 가정부 사이에 오간 이야기
― 가장 중요한 장 가운데 하나

: 줄거리　　돈키호테가 세 번째 출정을 준비하고 있다는 사실을 알아차린 조카딸 안토니아는 그런 허황된 행동을 하지 말고 집에 머물라고 열심히 간청한다. "아저씨는 학식이 높지만 이해력의 눈이 너무나 심하게 멀어 그 연세의 허약한 사람이 강하고 용감해질 수 있다는 공상을 하고 계세요… 그리고 더욱 괴이한 것은 기사라고 상상하시는 거예요. 아저씨가 가난한 신사에 불과하단 사실은 삼척동자도 알잖아요." 돈키호테는 이런 흔해빠

지고 너무나 사리에 맞는 주장에 이의를 제기한다. "실패와 뜨개바늘도 구별 못하는 너 같은 어린 말괄량이가 감히 쓸데없는 참견을 하는구나." 화가 난 목소리로 말을 시작한 그는 근엄하고 다정한 어조로 편력기사 수련의 성격과 각종 의무를 설명한다. 그는 훌륭한 성격, 밝은 성품, 용감한 심성은 출신성분과는 관계가 없다고 말한다. 산초가 도착하자 종자와 돈키호테는 은밀히 계획을 실행하기 위해 밀담을 나눈다.

: 풀어보기   조카딸은, 남자는 집에 머물며 가정생활에서 주어지는 의무를 다해야 한다는 보편적 현실을 이야기한다. 좁은 의미의 가정생활은 가족의 안정뿐만 아니라 평범한 생활의 토대다. 영광과 불멸 ― 즉 창의력과 자유 ―을 원하는 사람들은 이러한 각종 제약을 거부해야 하며, 어떤 형태로든 편력기사 수련을 업으로 삼아야 한다. 세르반테스는 오랜 세월 힘들게 여러 명의 자기 집 여자들을 부양하면서 좌절을 겪었기 때문에 조카딸의 목소리는 어쩌면 세르반테스 개인생활의 어려움을 반영했을 가능성이 있다. 그 여인네들은, 그가 힘들여 원고를 집필했지만 성공을 거두지 못했고 조국을 위해 용감하게 몸을 바쳤으나 보상 받지 못하는 생활 속에서 지녔던 그의 돈키호테적 성향을 결코 이해하지 못했던 것이 분명하다.

Chapter 7
돈키호테와 종자가 나눈 이야기

 다급해진 가정부는 출정 준비를 중단하도록 주인을 설득해 달라고 독신자 삼손에게 간청한다. 교활한 이 대학생은 기사를 부추겨 여행을 서두르도록 만든다. 한편, 산초는 조카딸의 발언에 대한 반대의견을 추가로 밝히고, 주인에게 월급을 보장하라고 요구한다. 돈키호테는 기사가 여행하는 동안 획득한 재물 이외의 급료를 받은 종자는 역사상 없었다고 설명한다. 기사는 이런 조건을 받아들이는 종자—어쩌면 삼손 카라스코—를 찾아보아야겠다고 말하며 산초를 해고한다. 종자는 '실망하여 말문이 막힌다.' 그가 용서를 빌자 두 친구는 다정히 포옹하고 함께 지내기로 한다. 그들은 여행 준비를 계속한다. 삼손은 친구로부터 빌린 온전한 투구를 돈키호테에게 준다. 만반의 장비를 갖춘 산초와 주인은 미래가 제공하게 될 희망에 부풀어 첫 번째 행선지를 향해 말과 나귀를 타고 길을 나선다.

Chapter 8
귀부인 둘시네아 델 토보소를 찾아가는 여행

 여행을 하는 동안 돈키호테와 산초는 불멸의 명성을 얻는 자질과 행동에 관해 이야기한다. 산초의 지적처럼, 맨발로 다니며 스스로를 채찍질해서 성자 칭호를 받은 탁발수도사들이, 훨씬 용감한 기사보다 더 많은 존경을 받는다. "… 작심하고 채찍을 20여 차례 제대로 내리치는 편이, 장창으로 거인들이나 용 혹은 도깨비들을 2천 번 찌른 것보다 더 쉽게 천국에 갈 것입니다." 돈키호테는 그 말이 옳다고 맞장구를 친다. 그러나 "모든 사람이 탁발수도사가 될 수는 없다. 우리는 영원한 지복의 높은 자리에 오르기 위해 각자에게 주어진 길을 가야 한다. 기사도는 일종의 종교적인 수도회이며 천국에서 성자신도회에 들어간 기사들이 있다." 다음날 저녁, 두 사람은 토보소에 도착한다. 그러나 그들은 밤늦게까지 시내에 들어가지 않고 교외의 나무 아래서 쉰다.

: 풀어보기 자신의 삶이 수도회 같은 종교적 생활이란 주인공의 확신을 세르반테스는 더욱 진지해진 제2편에서 확고하게 밝힌다. 기사는 지상의 행적이 천국에서 보상받는다는 믿음을 갖고 정통파 가톨릭을 존중하는 것이다. 기사도는 이제 작가에게 더 이상 희극이 아니며 제1편에서 성자적 속성이 암시된 돈키호테는 정신적인 잠재력을 발휘하기 시작한다. 세르반테스는 돈키호테에 관해 계속 집필하는 과정에서 돈키호테가 지닌 성격의 깊이에 더욱 확신을 갖게 된 것으로 보인다.

Chapter 9
독자가 읽으면 알게 되는 일들에 관한 설명

: 줄거리 동틀 무렵, 돈키호테와 산초는 언덕을 내려가 조용히 잠든 시내로 들어간다. 기사는 둘시네아의 궁전으로 향하지만 그 높은 건물은 교회다. 산초는 너무 어두워 현재의 위치를 확인할 수 없다고 말한다. "궁전을 천 번 본 주인님께서 그 궁전을 찾으셔야 합니다." 그러나 주인은 귀부인을 소문으로 듣고 사모했을 뿐 어디에 사는지 본 적이 없다고 답한다. "주

인님께 솔직하게 말씀드리면, 저도 귀부인을 소문으로만 알았을 뿐입죠. 그리고 제가 갖다드린 (편지의) 회답 역시 소문에 따른 것이고, 귀부인 둘시네아도 전혀 모릅니다." 돈키호테가 이처럼 놀라운 소식을 감당하기도 전에 농부 한 사람이 갑자기 나타나지만 방향을 알려주지 못한다. 이때 산초가 자신이 둘시네아를 찾는 동안 주인은 가까운 숲에 머물라는 반가운 제안을 한다. 자기가 먼저 귀부인을 만나 돈키호테가 찾아올 예정이라고 전한 다음, 주인에게 돌아와 귀부인의 지시를 전하겠다는 것이다.

Chapter 10
산초가 둘시네아에게 마법 거는 방법을 찾아낸 경위와 몇 가지 우스운 이야기

: 줄거리　　숲속에 명상하는 주인을 남겨둔 채 나귀를 타고 주인의 시야를 벗어난 산초는 머리를 짜내기 위해 나무 아래 드러눕는다. 그는 둘시네아가 끔찍한 마법에 걸려 농부 처녀로 변했다는 말을 해주기로 한다. 다플레의 등에 올라탄 산초는 시골 처녀 세 명이 암나귀를 타고 다가오는 모습을 본다. 그는 서둘러 돈키호테에게 달려간다. "주인님께서 로시난테에게 박차를 한 번 가하시면 너른 들판에서 두 처녀를 거느리고 오는 귀부인 둘시네아를 직접 만나시게 될 겁니다." 몹시 당황한 돈키호테가 종자 옆에 무릎을 꿇는다. 이미 한 처녀 앞에 몸을 던진 종자는 주인이 용모가 변변치 않은 기사이며 귀부인을 기꺼이 따르는 노예라고 소개한다. 처녀들은 조롱당하고 있다는 생각이 들어 나귀를 몰아 떠나려 하지만 나귀 한 마리가 뒷발로 일어서서 탄 사람을 떨어뜨린다. 돈키호테는 둘시네아가 다시 나귀에 타는 것을 도우려고 서둘러 다가가지만 그녀는 안장 위에 뛰어올라 떠나버린다. 놀라고 실망한 채 혼란에 빠진 처량한 기사는 사악한 마법 때

문에 보지 못한 공주들이 탄 말의 호화로운 마구, 귀부인의 아름다운 얼굴, 화려하게 장식된 의상을 자세히 설명해 달라고 산초에게 간청한다. 산초가 귀부인들의 아름다운 용모와 복장, 향수, 혈통이 좋은 말에 관해 이야기하는 동안 돈키호테는 방금 보았던 저속한 처녀들의 모습을 의아하게 생각할 뿐이다.

 이 대목은 돈키호테의 경력에서 가장 저조한 시점이
다. 왜냐하면 가장 충실한 추종자 산초가, 기사가 본 것과 반
대의 광경을 주장함으로써 묘하게 역할을 바꿔 주인을 희생시
키는 잔인한 희극을 연출하며 조롱하는 무리에 합세했기 때문
이다. 세르반테스 역시 이 장면에서 주인공이 보인 광기가 '참
으로 믿기 어렵다'고 선언한다. 왜냐하면 돈키호테가 산초의
말을 믿고 마늘 냄새 풍기는 농부 처녀를 귀부인 둘시네아라
고 어쩔 수 없이 받아들이기 때문이다. 이 장면은 기사에게 충
격이었겠지만 짝사랑하는 처녀 알돈사와의 첫 대면 기회를 기
다려온 소심하고 정신이 약간 이상한 알론소 키하노가 더 깊
은 상처를 받고 혼란과 의심에 빠졌을 것 같다. 반면, 돈키호
테를 미치광이라기보다 배우라고 주장하는 사람들은 주인공
이 이러한 사태의 반전을 소화하고 산초가 설정한 행동에 기
꺼이 따를 용의가 있다는 점을 발견한다.

이번 장은 산초의 성격을 좀더 깊이 탐구하고 있다. 종
자는 주인이 어리석고 잘 속아 넘어가는 사람, 즉 '심하게 미
쳐서 흑백 구별을 못하는 것'으로 간주하고, '내가 그에게 봉
사하고 따르지만 우리 중에서는 내가 대장'이라고 말한다. 그
는 주인의 공상을 실제로는 믿지 않으면서도 따름으로써 사실
상 공상을 믿는 셈이 된다. 풍차나 양의 무리가 군대가 아니란
것을 알지만 자신이 한 섬을 지배하게 되리란 꿈 같은 희망에
집착해서 돈키호테적 신념에 서서히 굴복하는 것이다. 뿐만

아니라 나중에는 그의 후원자인 공작부인이 둘시네아가 실제로 마법에 걸렸다는 것을 납득시키자 자신의 속임수에 자기가 넘어가고 만다. 미겔 데 우나무노는 이런 양면적 속성이 '믿음 없이 믿는 산초 판사적 신념의 수수께끼'라고 지적한다.

Chapter 11
전차 혹은 궁전 마차 혹은 죽음의 의회와 돈키호테가 겪는 놀라운 모험

: 줄거리 돈키호테가 매우 우울해 하자 산초는 길을 가면서 주인을 즐겁게 해주려고 노력한다. 친한 사람들의 외모를 추한 모습으로 변화시키는 마법에 관해 이야기하던 두 사람은 악마가 모는 마차를 보게 된다. 마차의 승객 가운데는 날개 달린 죽음의 천사와 투구를 깃털로 장식한 기사가 있다. 돈키호테의 도전을 받은 악마는 일행을 유랑극단의 배우들이라고 소개한다. 방금 한 도시에서 "죽음의 의회"란 비극을 공연했고, 다음 공연을 위해 의상을 입은 채로 다닌다는 것. 돈키호테는 그들의 통행을 허용한다. 어릿광대가 딸랑거리는 종과 커다란 소의 오줌보로 로시난테를 놀라게 하자 말이 주인을 내동댕이친다. 어릿광대가 같은 장난을 다플레에게도 하자 나귀는 그를 쓰러뜨린 다음, 산초에게 돌아간다. 산초가 '저들이 왕과 왕자나 황제로 보이지만 그 가운데 편력기사는 없으니까' 복수를 자제하라고 설득하자 돈키호테는 그 조언에 따른다.

: 풀어보기 돈키호테는 이 시점에서 너무나 깊은 슬픔으로 충격을 받고 제정신이 돌아와 연극배우들을 알아본다. 산초가 진

정한 기사는 가짜 기사들에게 도전해서는 안 된다는 점을 일깨워주자 정신이 온전한 돈키호테는 '이처럼 게으른 허깨비들'을 내버려두고 더욱 '실질적이고 명예로운 모험'을 찾기로 동의한다. 그러나 평범한 사건들 속에서 그토록 많은 모험을 찾아냈던 돈키호테가 분장한 배우들을 무가치한 적으로 받아들인 점은 흥미롭다.

Chapter 12
용감한 돈키호테가 거울의 기사와 벌인 진기한 모험

: 줄거리 돈키호테와 산초가 몇 그루의 나무 아래서 밤을 보내고 있을 때 종자를 거느린 또 다른 기사가 그곳에서 쉬기 위해 멈춘다. 낯선 기사는 애인인 카실데아 데 반달리에에 대해 언급하며 탄식하고 한숨을 쉰다. 둘시네아의 경쟁자에 관해 더 많이 알고 싶은 돈키호테는 그 기사와 이야기를 시작한다. 한편, 두 종자는 다른 곳으로 가서 공동관심사를 이야기한다.

Chapter 13
두 종자가 나눈 현명하고 드문 유쾌한 대화

: 줄거리 두 종자는 각각 주인의 어리석음을 비교한다. 낯선 종자는 자기 기사가 어리석기보다는 사악한 편에 속한다고 말한다. 산초는 "그렇다면 나의 기사와는 다르군요. 내 주인은 마음속에 사악한 마음은 단 한 톨도 갖고 있지 않아요. 모든 사람에게 선행을 베풀기 위해 최선을 다하죠. 삼척동자라도 한낮을 밤이라고 속일 수가 있어요. 너무나 단순한 양반이라

나는 사랑하지 않을 수 없습니다." 종자들은 함께 음식을 먹고 술을 마시
며 다정하게 이야기를 나눈 후 잠이 든다.

Chapter 14
계속되는 숲의 기사의 모험

:줄거리　낯선 기사는 위대한 라만차의 돈키호테도 정복했고 그가 카실데
아의 미모를 능가하는 여인은 없다고 자백하도록 만들었다며 자랑한다.
이 말로 정겨운 대화는 결투의 담판으로 돌변한다. 그 기사는 거울조각을
붙여 번쩍이는 겉옷을 입고 있다. 그 소동에 종자들이 잠에서 깨고, 두 기
사는 말 위에 올라 싸움을 시작한다. 거울의 기사가 패하자 면갑에 가려져
있던 독신자 삼손 카라스코의 모습이 드러난다. 그의 종자는 (가짜 코가
떨어지자) 산초의 이웃인 토마스 세시알이다. 돈키호테는 당황한 산초에
게 그의 분노에서 자비를 구하기 위해 어떤 마법사가 적들의 얼굴을 변형
시켰다고 확신한다.

Chapter 15
거울의 기사와 종자의 정체

:줄거리　신부, 이발사, 삼손 카라스코는 돈키호테 식으로 돈키호테를 굴
복시키기로 결정한다. 기사로 가장한 삼손이 돈키호테를 패배시킨 다음,
2년간 승자의 허락을 받아야만 고향 마을을 떠날 수 있다는 명령을 내리
기로 의견을 모은 것. 세시알을 종자로 삼은 삼손은 돈키호테와 산초가 가
는 길을 뒤따른다. 싸움이 끝나자 토마스 세시알은 집으로 가겠다고 우긴

다. 한편, 몸에 멍이 들고 복수심에 불타는 삼손은 돈키호테를 패배시켜 만족감을 느낄 때까지 계속하겠다고 고집한다.

 말에서 떨어져 온몸에 통증을 느끼고 분노에 찬 삼손의 모습은 정신이 온전한 사람도 욱하면 일시 위험한 광인이 된다는 사실을 보여준다. 세르반테스는 삼손에게 거울조각을 붙인 겉옷을 입혀 연기와 실제, 사실과 환상의 관계를 묘사한다. 새로 나타난 사람들은 돈키호테와 산초가 거울에 비친 모습이지만 거울 속 영상처럼 거꾸로다. 종자 세시알은 주인에게 불성실하고, 기사 카라스코는 복수를 위해 기사도를 추구한다. 따라서 이 일련의 사건에 의하면 승자는 진짜 미친 사람이고, 고귀한 몽상가는 추종자들이 성실해지도록 고무한다.

Chapter 16
냉정한 라만차의 신사와 돈키호테에게 일어난 일

 거울의 기사를 쓰러뜨린 돈키호테는 자신감을 되찾는다. 그는 둘시네아의 마법을 푸는 길을 찾을 수 있다면 세상에서 가장 행복한 기사가 될 것이라고 생각한다. 이때 녹색 옷을 입고 훌륭한 암말을 탄 신사가 두 사람을 따라잡자 돈키호테가 자신을 소개한다. 그 신사는 건전하고 경건하고 지적인 자기 생활방식을 설명하고, 살라망카의 대학생인 아들에 관해 이야기한다. 그는 아들이 실용적인 과학을 공부했으면 하지만 시를 선택했다. 돈키호테는 시의 여러 가지 장점과 즐거움에 관해 일장연설을 한

다. 과학이란 시를 장식하고 풍요롭게 만들며 광채를 더해주는 것이다. 신
사는 미친 사람이 이처럼 분별 있는 견해를 펼치자 깜짝 놀란다.

Chapter 17
사자와 대결하는 돈키호테의 놀라운 용기

: 줄거리 돈키호테는 깃발로 장식한 마차가 다가오는 것을 보고 이 새로운
모험거리를 자세히 관찰한다. 그의 질문을 받은 마부는 오란 장군의 선물
인 커다란 사자 두 마리를 왕에게 전달하러 가는 길이라고 말한다. 돈키호
테는 틀림없이 마법사들이 보냈을 테니 사자와 싸우겠다고 우긴다. 돈키
호테는 마부를 당장 죽이겠다고 협박해 우리를 열도록 하는 한편, 들판에
있는 사람들에게 대피하라고 지시한다. 그는 용감하게 버티고 서서 사자
를 노려보지만 사자는 일어서서 우리 밖에 있는 적을 바라보다가 몸을 돌
려 다시 엎드린다. 마부는 재빨리 우리 문을 닫고 노새들을 수레에 연결시
킨다. 한편, 산초가 녹색 옷을 입은 신사와 되돌아온다. 이제 사자의 기사
가 된 돈키호테는 신사의 친절한 초대를 받아들여 그의 집으로 간다.

: 풀어보기 서사적 모험의 주인공들은 항상 목숨을 걸고 영광을
추구했으며 돈키호테도 예외는 아니다. 그가 사자에게 도전한
것은 순수한 용기를 보여준 사례이며, 그의 승리는 연인 둘시
네아가 마법에 걸려 천박한 모습이 된 것을 보고 상처 입은 자
존심을 완전히 회복시켰기 때문에 매우 중요하다.

뿐만 아니라 사자에게 도전함으로써 돈키호테는 시
드라고 불린 스페인의 국민적 기사 로드리고 디아스 데 비

바르의 모습을 재현한다. 〈미오 시드의 노래 *Poema de Mio Cid*〉(작자 미상. 1140년 작)에서 영웅 시드는 풀려난 사자와 대적하고, 도전자의 당당한 위세에 눌린 사자는 굴욕적으로 등을 돌린다. 우리는 이런 전례를 염두에 두고, 사자가 돈키호테에게 등을 돌린 사실을 고려해야 한다. 용감한 기사의 위협적인 용기 앞에 사자가 질렸기 때문이다.

Chapter 18
녹색 옷 기사의 집 혹은 성에서 대접받은 경위

 기사와 종자는 돈디에고 데 미란다(녹색 옷을 입은 신사)의 손님

으로 그의 집에서 나흘간 머문다. 돈키호테는 미란다의 대학생 아들인 돈 로렌소와 유쾌한 대화를 나누고, 그 청년에게서 진정한 시인 자질을 발견하고 기뻐한다. 고결하고 감수성이 깊은 청년의 기질을 알아차린 기사는 돈로렌소에게 제자가 되라고 권할 뻔한다. 떠날 때가 되자 산초는 그처럼 안락한 환경을 뒤로 하는 것이 애석하기 그지없다.

Chapter 19
사랑에 빠진 목동의 모험과 희극적인 일화들

:줄거리 다시 말과 나귀를 타고 가던 돈키호테 일행은 두 농부와 두 대학생과 인사를 나눈다. 각자 소개가 끝난 뒤 대학생들은 기사와 종자를 자기네가 참석하러 가는 결혼식에 초대한다. 부유한 소지주 출신의 신랑 카마초는 결혼피로연에 돈을 아끼지 않는다. 또 다른 사내 바실이 아름다운 신부 퀴테리아를 사랑하고 있다. 용모가 준수하고 재능이 뛰어나며 펜싱 솜씨가 좋은 그는 너무나 가난해서 청혼할 수가 없어 낙심하고 있다. 극도로 우울해진 바실이 정신착란 상태에 빠졌기 때문에 오늘 결혼식 날이 그의 제삿날이 될 가능성이 있다고 대학생들은 말한다. 돈키호테는 가난한 애인을 동정한다고 말한다.

Chapter 20
부유한 카마초의 결혼식과 가난한 바실에게 닥친 사건

:줄거리 산초는 푸짐한 피로연 음식에 감명 받는다. 요리사 한 사람이 닭 세 마리와 거위 두 마리를 그의 손에 무심코 쥐어주자 산초는 즉시 게걸스

럽게 먹는다. 한편, 축하객들을 위해 노래와 춤판, 공연이 펼쳐진다. 주인과 대화를 나누는 산초는 신랑측을 전폭적으로 지지한다고 선언한다. "카마초는 내 배를 채워주었으므로 내 마음을 얻었습니다." 그는 그 말을 증명하기 위해 일련의 격언을 장황하게 열거한다. 돈키호테는 종자의 말에 대꾸하는 것을 자제한다.

Chapter 21
다른 즐거운 사건들과 카마초의 결혼식

: 줄거리　퀴테리아가 나타나자 돈키호테는 그녀가 둘시네아를 빼고 가장 아름다운 여성이라고 단언한다. 갑자기 초라하고 정신착란에 빠진 듯한 바실이 나타나 자기 사랑을 거부하고 약속을 깨뜨렸다며 신부를 비난한다. 그는 단검으로 자해한 후 죽어가는 사람의 소원이라며 퀴테리아와 결혼시켜달라고 신부에게 부탁한다. 퀴테리아는 몇 분 뒤에 명예로운 미망인으로서 카마초와 결혼하면 된다는 것이다. 그녀가 동의한다. 보좌신부가 혼례의식을 마치자마자 바실이 힘차게 일어나서 아내를 껴안는다. 즉각 싸움이 시작되지만 돈키호테의 개입으로 중단된다. 그는 장창을 휘두르면서 "하늘이 맺어준 부부를 사람이 갈라놓을 수 없다"는 말로 연설을 마친다. 신부 일행은 식장을 곧 떠나지만 카마초는 전과 다름없이 잔치를 계속한다.

Chapter 22
라만차 중심의 몬테시노스 동굴 모험에 성공한 돈키호테

: 줄거리　돈키호테는 신혼부부와 사흘간 함께 지낸다. 아름다운 부인을 부

양하기 위해 안정된 직업을 찾으라고 신랑에게 훈계한 그는 바실의 대학생 친구의 안내를 받아 몬테시노스 동굴을 향해 떠난다. 동굴 입구는 무성한 잡초와 잡목 뿌리로 가려져 있다. 기사는 입구의 잡초를 제거하고 허리에 밧줄을 묶고는 산초의 기도와 한탄을 들으며 아래로 내려간다. 반시간 뒤 대학생과 종자가 밧줄을 당기자 아무런 무게도 느껴지지 않는다. 공포에 질린 산초가 힘껏 밧줄을 잡아당기자 마침내 무게가 느껴진다. 두 사람은 돈키호테를 땅 위로 끌어올린다. 그는 깊은 잠에서 깨어난 사람처럼 눈을 뜬다. 식사로 원기를 회복한 돈키호테는 몬테시노스 동굴의 경이적인 광경을 두 사람에게 들려준다.

Chapter 23
돈키호테가 몬테시노스 동굴 안에서 보았다는 놀라운 광경

: 줄거리　돈키호테는 밧줄에 매달려 내려가면서 피로를 느껴 대략 18미터 아래 있는 넓은 바위 돌출부 위에서 쉬었다고 한다. 잠에서 깨어보니 햇빛이 가득한 아름다운 초원 한가운데였다. 그의 앞에는 몬테시노스가 직접 지키는 투명한 수정으로 지은 '화려한 왕궁'이 있었다. 그 노인은 이름을 부르며 돈키호테를 맞이하고, 이곳에 사는 마법에 걸린 기사들과 귀부인들이 오래 전부터 그의 도착을 기다리고 있다고 말한다. 몬테시노스는 멀쩡하게 살아 있는 두란다르테를 소개한다. 그 기사는 임종 자리에서 자기 심장을 떼어내 애인 벨레르마에게 선물로 전해 달라고 부탁한 사람이다. 벨레르마도 시녀들과 함께 돈키호테의 눈앞을 지나간다. 그러나 더욱 놀라운 일은 암나귀에 탄 세 명의 농촌 처녀들이다. 기사가 다가가자 처녀들은 다시 도망친다. 되돌아온 처녀 한 사람이 자기가 모시는 귀부인 둘시네

아에게 필요한 6레알을 빌려달라고 요청한다. 이 놀라운 요청을 받은 그는 가진 돈의 전부인 대략 4레알을 준다.

이야기가 계속되는 동안 산초가 끊임없이 주인의 말을 가로막는다. 건방지게 주인의 말을 믿지 않으려고 하는 그는 이 모든 이야기가 주인의 상상 속에서 벌어졌다는 의견을 밝힌다. 돈키호테는 개의치 않고 그 사실이 '논의의 여지가 없는 진실임을 증명할 때가 올 것'이라고 말한다.

 역사적 인물인 몬테시노스는 카롤링거 왕조의 전설을 다룬 여러 편의 스페인 민요에 등장하는 기사다. 그는 론세스바예스 전투가 끝나고 친구 겸 사촌인 기사 두란다르테가 흘린 핏자국을 따라간 것으로 묘사된다. 두란다르테가 마지막 숨을 몰아쉬면서 자기 심장을 도려내 그가 7년간 봉사한 귀부인 벨레르마에게 전해 달라고 하자 몬테시노스가 이 부탁을 들어준다. 이 황당한 이야기는 대중으로부터 많은 인기를 끌었고 나중에 곤고라에 의해 풍자희극으로 각색되었다. 라만차 부근의 폐허가 된 성 안에 있는 동굴은 실제로 몬테시노스의 동굴이라고 불린다. 이 동굴은 돈키호테가 내려가기에 안성맞춤이다.

이 지하세계의 꿈속에서 돈키호테는 내면 의식의 일부인 상식과 무미건조한 합리적 사고방식의 특질을 표현할 기회를 갖는다. 우선 그는 민요의 몇 대목을 확인하기 위해 몬테시노스에게 질문을 던지고, 노인은 일부 잘못 알려진 사실을 바로잡는다. 몬테시노스가 두란다르테의 심장을 도려낼 때 사용한 것은 단검이 아니라 날카로운 비수였다는 것이다. 돈키호테는 아름다운 미녀로 알려진 벨레르마가 여러 가지 결점과 더불어 황색 피부를 가졌던 까닭을 묻는다. 꿈의 다른 부분에서는 처녀 하나가 둘시네아에게 필요한 돈을 요청하기 위해 기사에게 되돌아온다. 이런 행위는 마드리드와 세비야의 아름다운 귀부인들이 나이 많은 정부에게 흔히 돈을 요구하는 행태가 있음을 조용히 풍자하는 것이다. 풍자는 세르반테스의 완곡한 암시나 돈키호테의 무의식적인 냉소를 통해 이루어진다. 아마도 꿈속에서 부딪힌 진실의 순간에 돈키호테는 둘시네아 같은 젊은 처녀들이 돈 때문에 그의 구애에 응할 뿐이라는 회의주의를 드러낸다. 따라서 현실로부터 완전히 벗어난 상황에서 그는 잠재의식 속에 있는 알론소 키하노의 특성을 드러낸다. 즉 일의 당위성과 세부사항에 관한 무미건조한 관심, 알돈사-둘시네아와 자기 사이의 속된 관계 설정이 그것이다. 더 계속될 경우 그의 성격 속에 존재하는 단조로움에 떠밀려 환상과 도피의 황당무계한 생활로 이어졌을지 모른다.

　　세르반테스는 정신분석학에 대해 전혀 몰랐지만 풍자와 이중의미에 대한 애호, 일반적 특징인 암시와 모호함을 통해 소재를 가급적 다양한 차원으로 이용했다는 주장이 나올 수도 있다.

Chapter 24
이 장중한 이야기를 올바로 이해하는 데 필요할 수도 있는 속임수와 일화들

: 줄거리　돈키호테와 산초, 대학생이 잠잘 곳을 찾는다. 무기를 실은 노새 한 마리를 끌고 바삐 걷는 남자가 일행을 따라잡는다. 그는 일행에게 인사를 마치기가 무섭게 지나쳐 가면서 같은 주막에서 만나면 진기한 소식을 알려주겠다고 말한다. 일행이 다음에 만난 사람은 옷차림이 남루한 시동이다. 그는 급료가 적은 하인으로 일한 경험과 이제 보병연대에 입대해 군인이 되어 행운을 찾겠다는 짧막한 이야기로 일행을 즐겁게 해준다. 이때 돈키호테는 군대생활의 장점과 고귀함, 밝은 미래에 대한 자신(그리고 세르반테스)의 생각을 다시 간단히 표현한다. 젊은 시동은 기사의 만찬 초대를 받아들이고, 해질 무렵 일행은 주막에 도착한다.

Chapter 25
나귀 울음, 인형극, 점쟁이 원숭이의 예언

: 줄거리　주막에 도착한 돈키호테는 장창과 미늘창을 운반하는 남자를 찾아내 나귀 울음의 모험 이야기를 듣는다. 그 남자가 사는 마을의 시의회 의원 두 명이 잃어버린 나귀 한 마리를 찾으러 산 속으로 들어갔다. 그들은 각각 산의 반대편 기슭에 서서 잃어버린 짐승을 부르기 위해 나귀 울음소리를 내기로 했고, 나귀 울음소리를 낸 두 사람은 나귀를 찾아낸 것이 아니라 서로 만나게 되었다. 서로의 나귀 울음소리 흉내를 칭찬한 두 사람은 다시 헤어져 나귀를 불렀다. 결국 두 사람은 또 만나게 된다. 그들은 집으로 돌아오는 길에 늑대들에게 반쯤 먹힌 나귀 시체를 발견한다. 마을 주

민 전체가 이 이야기를 듣게 되었고, 그날 밤 할일 없는 사람들은 두 시의
원을 놀려대느라 밤새도록 마을에 나귀 울음소리가 진동했고, 이웃마을들
도 희롱에 합세했다. 다른 마을 주민들은 시의원의 마을에 사는 친구들을
만나면 인사 대신 나귀 울음소리를 냈다. 마을 주민들이 나귀 울음소리를
낸 이웃 마을 주민들과 대결할 들판으로 무기를 운반중이란 말로 그 사내
는 이야기를 마친다.

인형극 공연자인 페드로가 과거와 현재에 관한 질문에 대답하는
점쟁이 원숭이를 데리고 도착한다. 그는 돈키호테의 이름을 부르며 '기사
편력의 영광스러운 부활자'라고 하고 산초도 알아본다. 기사는 원숭이에
게 자신이 몬테시노스의 동굴에서 본 광경이 꿈인지 현실인지 묻는다. 원
숭이의 속삭임을 해석해 주는 페드로는 일부는 꿈이었고 일부는 현실이었
다고 말한다. 인형극 공연자와 조수가 공연 준비를 하자 관객들이 자리 잡
는다.

Chapter 26
몇 가지 유익한 일화와 인형극

: 줄거리 "멜리산드라의 구원"이란 인형극은, 어린 소년이 해설자가 되어
인형들의 행동을 설명하고 등장인물들을 알려준다. 용감한 기사 돈가이페
로스가 참혹한 감옥에서 방금 구해낸 아내 멜리산드라와 함께 말을 달려
도망치고 그 뒤를 무장한 성난 무어인들이 추격하는 대목에서 돈키호테가
용감한 기독교도들을 도와야겠다고 결심한다. 그는 장검을 휘둘러 무어인
인형들을 전부 난도질하여 사지를 완전히 잘라놓는다. 심하게 성난 기사
가 인형을 조종하는 줄을 끊는 와중에 인형극 공연자는 머리가 잘릴 뻔한

다. 거장 페드로가 입은 손해를 한탄할 때 실수를 서서히 깨닫는 돈키호테
는 자기 눈을 가린 마법사들을 저주하고 부서진 인형 하나하나에 대해 후
한 보상금을 지불한다.

: 풀어보기 이 인형극 사건은 상호 교환적인 진실과 환상의 관계
라는 세르반테스의 주제를 강조한다. 돈키호테는 인형극 속에
서 벌어지는 모험을 실제 사건으로 쉽사리 받아들일 수 있다.
그러나 그는 실수를 인정하고 부서진 인형에 대해 보상금을
지불한다. 돈키호테를 창조한 세르반테스 역시 우리에게 인형
극을 보여주고 무대를 확장하기 위해 베넹헬리의 작품 번역가
의 논평을 끼워 넣는다. 이는 마치 소년이 거장 페드로의 작은
인형극을 해설하는 것과 마찬가지 방식이다. 그러나 세르반테
스는 돈키호테가 역사적 인물이라고 주장하는 데 비해 거장
페드로는 자신의 등장인물들이 단순한 인형이란 점을 인정한
다. 따라서 돈키호테의 행동은, 직관을 가진 기사가 히네스 데
파사몬테 같은 악당들의 생계수단인 허위와 기만을 난도질하
는 또 다른 경우로 해석될 수 있다. 그러나 인형극 사건을 진
실과 연극 사이의 밀접한 상관관계를 보여주는 중요한 대목
으로 해석하는 사람들도 있다. 이는 이 소설의 중요한 주제 가
운데 하나이며 어쩌면 〈돈키호테〉 전체에서 가장 중요한 탐색
중 하나일지 모른다.

Chapter 27
거장 페드로와 원숭이의 정체, 돈키호테의 나귀울음 모험의 실패

: 줄거리   인형극 공연자가 변장한 히네스 데 파사몬테란 사실을 폭로함으로써 작가는 이 악당의 밥벌이 방식을 어느 정도 알려준다. 사실 히네스에 관한 묘사는 스페인의 고전적인 악당의 모습이다. 돈키호테 이야기로 돌아간 작가는 나귀 울음소리를 내는 마을 주민들이 고대하는 전투에 관해 설명한다. 집결한 마을의 전사들은 돈키호테를 자기네 대의명분의 수호자로 생각하고 반갑게 맞아 그의 웅변에 귀를 기울인다. 기사는 사소한 명분 때문에 전쟁을 벌여서는 안 되며 가톨릭 신앙의 옹호나 스페인의 방어 또는 자신의 명예를 지키는 것과 같은 큰일을 위해 전쟁을 해야 한다고 단언한다. 그가 연설을 멈춘 사이에 산초가 이어받아 나귀 울음소리를 내는 능력을 부끄러워하는 것은 어리석은 망상이라고 말한다. 그 자신이 어릴 때 나귀 울음소리를 탁월하게 흉내 냈다며 입을 벌리고 손으로 코를 쥔 다음 우렁차게 나귀 울음소리를 내자 마을 주민들은 자기들을 조롱한다고 생각하고 돌을 줍기 시작한다. 돈키호테는 로시난테에게 박차를 가해 위험에서 벗어나지만 산초는 흠씬 두들겨 맞는다. 이 사건 후 주민들은 상대편 마을 사람들이 나타나지 않는 것에 안도하며 전투장을 떠난다.

Chapter 28
베넹헬리가 알려주는 몇 가지 내용

: 줄거리   이번 장은 돈키호테와 산초가 종자의 급료에 관해 나눈 대화를 충실하게 전달한다. 종자가 급료를 계속 요구하자 돈키호테는 몇 달치가 밀렸느냐고 정중하게 묻는다. 산초는 섬의 영주 임명 약속을 받은 지 20

년이 지났다고 대답한다. 돈키호테는 기꺼이 지불하겠지만 돈에 연연하는 종자는 해고하는 편이 낫겠다고 말하면서 덧붙인다. "종자에 관한 기사도의 규칙을 왜곡하는 너 산초야, 어떤 편력기사의 종자가 너처럼 그렇게 오랫동안 주인에게 머리를 조아리며 돈을 요구했다는 사실을 보거나 읽은 적이 있느냐?" 눈에서 눈물이 쏙 빠지도록 꾸지람을 계속하자 산초는 다소곳하게 용서를 빌고 두 친구는 다정하게 의견 차이를 해소한다.

Chapter 29
마법에 걸린 나무껍질의 유명한 모험

: 줄거리 　방금 도착한 에브로 강의 둑 위에 올라선 돈키호테는 강변에 매인 작은 배를 발견한다. 그는 배가 매여 있는 것은 타라는 뜻 이외에 다른 이유가 없다고 확신하고 무서워하는 산초와 함께 배를 타고 떠내려가기 시작한다. 두 사람이 이동한 거리에 감탄하는 돈키호테는 '주야평분선'에 접근하고 있다고 말하지만 산초는 강변의 나무에 매여 있는 다플레와 로시난테가 보인다고 우긴다. 배가 물레방아 쪽으로 천천히 떠내려가자 산초는 급류에 휘말려 폭포 아래로 떨어지지 않을까, 겁을 먹는다. 그러나 밀가루를 온몸에 뒤집어쓴 제분공들이 장대를 들고 뛰어나와 표류하는 배를 막는다. 돈키호테는 이 귀신들을 장검으로 베려 한다. 배가 뒤집어지고 제분공들이 기사와 종자를 물에서 끌어낸다. 돈키호테는 악의 무리가 성의 지하감옥에 있는 죄수를 석방하면 부서진 배 값을 지불하겠다고 제안한다. 이 말을 들은 제분공들은 어안이 벙벙해지고, 포로를 석방시키는 것이 용감한 전사의 또 다른 과업이라고 생각하는 기사는 산초와 함께 말과 나귀가 있는 곳으로 돌아간다.

Chapter 30
돈키호테와 아름다운 여자 사냥꾼에게 일어난 일

:줄거리 숲에서 나오던 기사와 종자는 사냥하고 있는 귀족 일행을 만난다. 시종들을 거느린 아름다운 귀부인이 참매를 들고 있는데, 지체가 높아 보인다. 돈키호테는 아름다운 여자 사냥꾼에게 산초를 보내 사자의 기사의 인사를 전한다. 기사의 특사를 정중히 영접한 공작부인은 부근에 있는 자기 성의 손님이 되어달라고 간곡히 청한다. 그녀는 공작인 남편에게 전갈을 보내 기이한 방문객들에 관해 알린다. 공작 부부는 독창적인 이 기사의 이야기 제1편을 읽었기 때문에 손님들에게서 열심히 오락거리를 찾아내고 있다. 공작 부부는 기사의 허황된 언행만큼이나 산초의 건방진 행동에서 재미를 느낀다.

Chapter 31
대대적인 접대와 중요한 문제들

:줄거리 성의 마당으로 들어선 돈키호테는 희극배우들처럼 허세를 부리는 공작 가신들의 환영을 받으며 어깨에 붉은 망토를 걸치고 만찬장으로 향한다. 이러한 칙사 대접의 와중에서 재빨리 정신을 차린 산초는 먼저 나귀 다플레가 편안히 있을 수 있도록 만전을 기해 달라는 요청으로 한 시녀에게 모욕을 준다. 이런 실랑이를 엿들은 공작부인은 산초를 가볍게 나무라고 주인과 나귀를 모두 잘 돌봐주겠다고 약속한다. 돈키호테는 만찬에 참석할 준비를 하는 동안 산초의 부적절한 행동을 꾸짖고, 앞으로는 대화할 때 더욱 분별 있게 행동하라고 지시한다. 기사는 식당 안으로 당당히 걸어 들어가 공작의 식탁에서 윗자리를 받아들인다. 기사가 바로 그 유명

한 이야기의 주인공이란 사실을 알게 된 공작 영지의 사제는 기사에게 엄한 설교를 한다. "너 단단히 미친 정신병자는 듣거라. 네가 편력기사로 나서서 여러 기사와 강도들을 굴복시켰다는 생각을 네 머릿속에 집어넣은 자가 누구냐? 집으로 돌아가서 자녀가 있다면 그들을 돌보고 네가 해야 할 정직한 생업에 종사해라. 그리고 세상을 떠돌아다니며 공중에 성을 지어 너를 아는 사람들과 모르는 사람들 모두에게 웃음거리가 되지 않도록 해라."

Chapter 32
책망하는 사제에 대한 돈키호테의 대답과 다른 유쾌한 사건들

:줄거리 돈키호테는 조카딸 안토니아와 같은 말을 하는 무례한 사제에게 고상한 웅변으로 대답한다. "참으로 좋은 세상이로구나. 자기 둘레의 30

리그 가운데 20리그 안에 있는 사물밖에 본 적이 없는 어리석은 현학자가 기사 편력에 관한 규칙을 만들고 기사 편력을 전문으로 삼는 사람들을 판단하다니 참으로 좋은 세상이로다." 돈키호테는 자신의 유일한 소망이 세상에서 잘못된 것을 바로잡고 선행을 베푸는 것이며, 이러한 동기를 모욕할 수 있는 사람은 분명히 없을 것이라고 덧붙인다. 성직자가 산초에게 분풀이를 하자 충성스러운 종자는 여러 가지 격언을 섞어 대응한다. "선한 사람들과 사귀면 당신도 선한 인간이 됩니다. 나는 또한 소위 '너를 키운 사람이 아니라 네가 키운 사람'과 어울리는 부류입죠. 뿐만 아니라 "좋은 나무에 좋은 그늘이 생기는 법." 나는 선한 주인에게 의지하고 충성을 바쳐… 지금 그분과 하나가 되었고… 우리는 동고동락합니다. 그분이 지배할 왕국을 원치 않으므로 나 역시 다스릴 섬들을 원하지 않소." 신부는 화가 나서 만찬장을 떠난다. 만찬이 끝나자 짓궂은 하인들이 돈키호테를 놀릴 심산으로 씻는 의식을 만들어 못된 장난을 친다. 가까스로 웃음을 참는 공작은 손님에게 모욕 주는 것을 막기 위해 덩달아 씻겠다고 한다. 돈키호테가 낮잠을 자러 가는 동안 산초는 한낮의 열기가 가실 때까지 공작부인을 즐겁게 해주기로 한다.

Chapter 33
공작부인, 시녀들, 산초 판사의 유쾌한 좌담

: 줄거리 대화에 속담을 간간이 섞는 산초는 세 명의 시골 처녀와 만난 사건을 모두 설명함으로써 둘시네아의 마법에 관한 진상을 밝힌다. 그러나 공작부인은 둘시네아가 실제로 마법에 걸렸으며 돈키호테를 박해하는 마법사들이 조금 전 이야기를 산초의 머릿속에 집어넣었다는 의견을 밝힌다.

둘시네아의 참모습을 보면 산초의 생각이 잘못되었음을 알게 되리라는 것이다. 공작부인이 말하는 내용을 모두 믿는 산초는 극도의 혼란에 빠진다. 그녀는 몬테시노스 동굴 이야기를 해달라고 부탁한다. 기사가 동굴 안에서 시골처녀를 보았다면 둘시네아가 강력한 마법의 희생자가 된 것이 틀림없다는 그녀의 지적에 산초는 더욱 혼란스러워한다. 이어 두 사람은 산초의 영주 노릇에 관한 이야기로 넘어간다. 공작은 앞서 산초를 섬의 영주로 임명하겠다고 약속한 바 있다. 공작부인은 몹시 즐거워하며 혼란에 빠져 어쩔 줄 모르는 종자를 물러가게 한다.

Chapter 34
둘시네아의 마법을 푸는 수단과 방법: 가장 유명한 모험

: 줄거리　공작 부부는 돈키호테가 치를 모험을 몇 가지 계획해 그의 허황된 행동을 지켜보며 계속 재미를 보기로 결정한다. 약속된 날 공작 부부는 멧돼지 사냥을 준비하고 산초에게 녹색 사냥복을 선물한다. 멧돼지가 실제로 나타나자 질겁한 산초는 나무 위로 올라가고, 나중에 셔츠가 나무 가지에 걸려 거꾸로 매달린 모습으로 일행에게 발견된다. 숲속에 어둠이 내릴 때 일행은 전투 함성과 나팔소리, 무어인들의 고함소리와 북소리가 뒤섞인 굉음을 듣고 놀란다. 이때 무대의상을 입은 기수가 말을 달려 지나가면서 라만차의 돈키호테를 찾아다니는 악마라며, 여섯 명의 마법사들이 마법에 걸린 비길 데 없는 둘시네아를 전차에 태우고 의기양양하게 이쪽으로 오고 있다고 말한다. 그녀를 석방시킬 방법을 알려주기 위해, 그녀를 호위하는 몬테시노스가 함께 온다는 사실도 덧붙인다. 더욱 무시무시한 소리가 숲속에 울려 퍼지고 불빛이 번쩍이자 겁에 질린 산초는 기절한

다. 마침내 장례마차처럼 장식된 소달구지 행렬이 나타난다. 각각의 소달구지에는 고대 현인들의 이름이 붙은 노인이 한 사람씩 타고 있다. 멀리서 들리던 아름다운 음악소리가 가까워지는 가운데 소달구지 행렬이 멈춘다.

Chapter 35
돈키호테가 전달받은 둘시네아의 마법을 푸는 방법

: 줄거리 음악소리가 마차의 도착을 알린다. 뒤편 승강대에는 베일로 얼굴을 가린 아름다운 처녀가 앉아 있다. 검은 옷을 입은 멀린이라는 자가 처녀 옆에 서 있다. 그는 산초 판사가 자진해서 '투실투실한 맨 엉덩이'에 3,300번 채찍질을 하면 마법이 풀린다고 말한다. 산초는 격렬하게 이의를 제기하며 거부한다. 돈키호테의 협박과 둘시네아의 간청에 직면한 산초는, 공작이 동정심 많은 사람을 섬의 영주에 임명하겠다고 공약한 다음에야 굴복한다. 종자가 채찍질 방법에 몇 가지 조건을 붙이자 멀린이 받아들인다. 돈키호테는 종자를 껴안고 감사의 표시로 몇 차례 입을 맞춘다. 공작 부부는 희희낙락하며 그처럼 유쾌한 다른 오락거리를 계속 진행하기로 결정한다.

: 풀어보기 이와 같은 잔인하고 이례적인 희롱에 대해 혹자는 의도적인 부분은 전혀 없고 산초의 채찍질은 종자 생활의 일부라고 생각하는 사람도 있을 것이다.

종교적인 참회자들은 고행을 함으로써 영혼을 정화하고 사후의 은총과 천국의 보상을 얻기 위해 스스로를 채찍질한다. 다소 세속적임에도 불구하고 성스러운 임무를 부여받은 편력기사의 종자는 둘시네아에게 봉사하는 데 필요한 자격을 얻기 위해 스스로 채찍질을 해야 한다. 그는 이러한 숭고한 목표에 대한 신념을 통해서만 불멸의 명성을 얻을 수 있다.

이러한 참회를 이미 실행한 돈키호테는 애인에게 적극 봉사하며 그녀를 위해 고통을 기꺼이 참아낸다. 영주로 부임할 섬이 '둘시네아'인 산초는 돈키호테처럼 희생할 용의는 없지만 보상을 얻기 위해 참회해야 한다. 공작은 '채찍질을 하지 않으면 영주가 될 수 없다'며 종자에게 협박까지 한다. 인내를 시험하는 이 마지막 난관에 직면한 산초는 굴복하고 만다. 다시 말해, 산초는 이제 둘시네아에게 봉사해야 한다. 돈키호테가 둘시네아를 만들어낸 것과 정반대 방식이기는 하지만 산초가 그녀의 마법을 만들어냈으므로 그 역시 어떤 의미에서는 둘시네아를 창조했다. 산초는 이제 과거의 잘못으로 인해 돈키호테적 이상에 완전한 복종해야 하는 신세가 된다.

Chapter 36

산초가 아내에게 보낸 편지와 절망한 트리팔디 백작부인의 기상천외한 모험

: 줄거리 산초는 서기의 도움을 받아 아내에게 쓴 편지를 공작부인에게 보여준다. 그 편지에는 남편이 영주가 되었으며 자발적으로 몸에 3,300번 채찍질을 해서 둘시네아의 마법을 푸는 의무를 지게 되었다고 쓰여 있다. 공작부인이 그에게 참회의식을 시작했느냐고 묻자 오늘 아침 손으로 다섯

차례 몸을 때렸으므로 그렇다고 대답한다. 식사가 끝난 후 산초가 대화를 주도할 때 피리와 낮은 북소리가 들려온다. 시종들을 거느린 검은 제복의 거인이 성의 마당으로 걸어 들어와 절망한 부인으로 알려진 트리팔디 백작부인의 종자라고 자신을 소개하고, 주인마님께서 돈키호테를 찾기 위해 대단히 먼 거리를 여행했다고 말한다. 기사가 앞으로 나서서 '나의 팔 힘과 내 영혼의 용맹한 결의'로 불행의 원인을 제거해 주겠노라고 선언한다.

Chapter 37
절망한 부인의 유명한 모험

: 줄거리 늙은 시녀가 불운의 원인이 된다며 겁을 먹은 산초는 이 새로운 모험을 탐탁치 않게 생각한다. 공작부인은 트리팔디 백작부인이 국왕의 시녀라고 산초에게 거듭 확인해 준다. 이 말을 들은 공작부인의 시녀 돈나 로드리게스가 동료들을 두둔하기 위해 목소리를 높이고, 두 사람은 공작부인이 보다 적당한 때에 계속하라고 청할 때까지 논쟁을 벌인다.

Chapter 38
절망한 부인이 밝힌 여러 가지 불운한 사건

: 줄거리 돈키호테 앞에 선 트리팔디 백작부인은 두꺼운 베일로 얼굴을 가렸고, 역시 두꺼운 베일을 쓴 시녀들의 시중을 받고 있다. 고향이 칸다야 왕국이라고 밝힌 백작부인은 궁중에서 왕위 계승자인 안토노마시아 공주를 보살피고 교육하는 임무를 맡고 있다. 14세의 아름다운 공주는 수많은 외국 왕자들의 청혼을 받았지만 젊은 청년 돈클라비호를 마음에 두었다.

용모가 준수한 그는 보호자인 트리팔디 백작부인의 환심을 사서 공주의
침실에 들어갔고, 안토노마시아의 임신 사실이 밝혀지자 곧바로 결혼했다.

Chapter 39
트리팔디의 거창한 이야기

: 줄거리　가엾은 왕비는 신분이 맞지 않는 결혼소식을 듣고 세상을 떠났으
며, 공주와 돈클라비호는 왕비의 시신을 무덤으로 운구하는 행렬을 따라
간다. 왕비의 사촌인 거인 말람브루노가 나무 말을 타고 갑자기 묘지에 나
타난다. 그는 보복으로 공주와 연인을 조상(彫像)으로 변형시키고 두 사
람 사이에 현판을 설치했다. 현판에는 라만차의 돈키호테가 거인과 결투
를 벌여야지만 이 뻔뻔스러운 연인들은 마법에서 풀려날 것이라고 적혀
있다. 거인은 트리팔디에게 최후의 모욕을 가해 그녀와 모든 시녀의 얼굴
에 수염이 나게 했다. 이 대목에서 백작부인과 시녀들이 모두 베일을 벗고
수염이 난 얼굴을 보여주자 돈키호테와 산초는 깜짝 놀란다.

Chapter 40
백작부인의 모험과 관련된 몇 가지 사실

: 줄거리　돈키호테는 곤경에 처한 귀부인들을 돕겠다는 약속을 되풀이한다.
트리팔디는 말람브루노가 자기 목마인 클라빌레노를 보낼 것이라고 말한
다. 하늘을 나는 그 목마는 이마에 박힌 나무 쐐기로 조종된다. 산초가 목
마에 걸터앉는 불편을 원하지 않을 뿐만 아니라 그처럼 위험한 원정에 참
가하지 않겠다고 맹세하자 트리팔디가 눈물을 흘리며 간청한다.

Chapter 41
나무 쐐기라고 불리는 목마 클라빌레노의 도착과 모험의 종결

 말이 도착하고, 산초는 여전히 주인을 따르지 않겠다며 완강하게 버틴다. 공작은 산초에게 자기 섬의 통치자가 되는 조건으로 참가할 것을 요구하고, 산초는 두려움에 떨면서 천으로 눈을 가린 채 역시 눈을 가리고 목마에 탄 돈키호테 뒤에 앉는다. 나머지 일행은 두 사람이 공중을 달린다고 소리치고, 기사와 종자는 (두 사람의 뒤에서 펌프질하는 풀무에서 나오는) 세찬 바람을 느끼면서 '허공의 중간'에 도달했다고 확신한다. 공작의 하인 한 사람이 불을 붙이자 클라빌레노의 꼬리가 타기 시작하고 폭죽을 가득 채운 목마가 폭발하면서 두 사람은 땅 위로 떨어진다. 돈키호테 가까이 놓여 있는 한 권의 두루마리에는 기사가 절망한 부인의 모험을 완수했다고 기록되어 있다. 거인 말람브루노는 만족한다. 안토노마시아와 돈클라비호는 마법에서 풀려나고 트리팔디 백작부인과 시녀들은 얼굴에서 수염이 떨어진다. 산초는 말을 타고 하늘을 날면서 본 여러 광경에 관해 장황하게 늘어놓는다. 강력한 마법 덕분에 경이로운 광경을 볼 수 있었다고 주장했으나 그의 말을 곧이듣는 사람은 없다. 일행이 정원을 떠날 때 돈키호테가 속삭인다. "산초야, 네가 하늘에서 본 광경을 우리에게 믿게 하려면 너도 내가 몬테시노스 동굴에서 본 광경을 믿어야 할게다."

 여기서 산초는 주인이 겪었다는 몬테시노스 동굴의 모험을 흉내 냄으로써 체면을 살리는 보통의 겁쟁이로 묘사된다. 산초와 달리 돈키호테는 다른 세계를 탐험하기 위해 낯선 영역으로 자진해서 내려갔기 때문에 동굴 안에서 실제로 그

환상들을 보았다. 영주를 시켜주겠다는 공작의 약속에 회유되어 클라빌레노를 탄 산초는 거짓말을 꾸며댔고, 주인과 달리 그 환상들을 믿지 못하기 때문에 실현시킬 수가 없다. 따라서 돈키호테의 환상의 원천은 용기이고, 산초의 거짓말의 동기는 비겁함이다. 다른 사람들의 견해에 항상 관대한 돈키호테는 "내가 너를 믿도록 하려면 네가 나를 믿어야 한다"는 인간관계의 황금률을 산초에게 나지막이 일러준다. 이 말은, 왜곡된 가치관으로 다른 사람들을 판단하는 세상의 모든 산초 판사들을 가볍게 나무라고, 이 비겁자들에게 인간 사이의 의사소통이 상호신뢰에 바탕을 두어야 한다는 것을 일깨우는 역할을 한다.

Chapter 42
산초의 영주 부임에 앞서 돈키호테가 일러준 몇 가지 교훈

: 줄거리 공작은 마침내 산초에게 통치권을 행사할 준비를 갖추라고 말하지만 이제 산초는 영주 부임을 더 이상 간절히 바라지 않는다. 그러나 그는 '탐욕 때문이 아니라… 단지 영주 노릇이 어떤 일인지 알아보기 위해' 그 제의를 수락한다. 돈키호테는 산초의 직무수행에 필요한 행동과 유익한 교훈을 일러주기 위해 종자를 한쪽으로 데려가 엄숙한 목소리로 낭독하듯이 조언을 일러준다. 판단을 내릴 때 정직하고 동정심을 가져야 하며, 친척과 친구들을 배려해야 하고, 무엇보다도 농부 출신이란 사실을 자랑스럽고 겸손하게 기억해야 한다. 이어 다른 금지사항을 일러주면서, 객관

적으로 판결하고 유혹에 빠져 부패나 악행을 범해서는 안 된다는 점을 상기시킨다.

Chapter 43
돈키호테가 산초에게 일러준 조언의 두 번째 부분

: 줄거리 정신과 영혼에 관한 조언을 일러준 돈키호테는 신체적인 행동지침을 들려준다. 몸의 청결이 최우선이다. 정기적으로 손톱을 깎아야 하고, 좋은 입 냄새 유지를 위해 파와 마늘을 삼가야 한다. 음식은 적당히 먹고, 술을 취할 정도로 마시면 절대 안 된다. 말은 우아한 자세로 타고, 청결한 옷을 단정하게 입어야 한다. 그리고 다른 많은 금지조항과 모범적인 영주로 봉직할 수 있는 방법도 가르친다. 이어 두 사람은 공작부부와 함께 만찬에 참석한다.

Chapter 44
산초의 영주 부임과 성 안에서 돈키호테가 겪은 이상한 모험

: 줄거리 공작은 영리한 하인에게 산초의 영주 노릇을 관리하도록 명한다. 그 하인은 트리팔디 백작부인 역할을 했던 자다. 하인이 임지로 동행하기 위해 마차와 장비를 준비할 때 산초는 이 사람과 트리팔디가 '같은 얼굴'이란 사실을 알아차리지만 돈키호테는 '헛소리'라고 응수한다. 눈물을 흘리며 주인과 포옹한 산초는 안내를 받아 임지로 떠나고, 마음 붙일 곳이 없어 우울한 돈키호테는 만찬 후 자기 방으로 물러간다. 그는 단 한 켤레 뿐인 비단양말이 실수로 찢어지자 아주 비참한 기분이 된다. 양말을 수선

하려니 맞는 실이 없다. 두 귀부인이 마당에서 나누는 대화를 엿들은 기사가 방의 창문을 연다. 귀부인 알티시도라는 돈키호테를 너무나 사랑해 노래를 부를 수 없다고 가슴 아픈 불평을 한다. 기사가 듣고 있다는 사실을 아는 알티시도라는 류트[*]를 조율하며 짐짓 사랑의 세레나데를 부르는 척한다. 정에 약한 돈키호테는 비길 데 없는 둘시네아 델 토보소에게 봉사하겠다는 맹세를 되풀이한다.

Chapter 45
위대한 산초 판사가 섬을 인수한 경위와 통치를 시작한 방식

:줄거리 라타리아 섬에 있는 도시 바라타리오에 들어간 산초 일행은 시민들의 환영을 받는다. 수천 명의 군중은 새 지사의 생김새에 호기심을 갖고 있다. 총명하고 익살맞은 하인이 전한 바에 따르면, 우스꽝스러운 허례 의식에 이어 산초가 재판관 자리에 앉았다. 재판관 자리에 앉은 까닭은 몇 가지 '어렵고 복잡한 질문'으로 신임 영주를 시험하는 것이 고대로부터의 관례이기 때문이다. 첫 번째 송사는 농부와 재단사의 다툼이다. 재단사는 농부가 제공한 천으로 모자 다섯 개를 만들어주기로 합의했으나 고객이 완성된 제품의 값을 지불하지도 않고 인수도 거부했다고 말한다. 재단사가 산초에게 보여준 모자는 아주 작아서 손가락에 하나씩 끼면 맞는다. "재단사는 수공비를 손해 보고, 농부는 천을 손해 보며, 모자는 가난한 죄수들에게 기증하라"고 영주가 판결을 내린다. 다음 송사는 12크라운을 갚았다는 채무자와 받지 않았다는 채권자의 다툼이다. 채무자는 정의의 권표(權標)에 맹세할 동안 자기 지팡이를 들어달라고 상대방에게 부탁한다. 원고

---

[*] **류트**(lute): 14-17세기에 사용했던 기타를 닮은 현악기.

인 채권자가 만족한 표정으로 돌아설 때 산초가 그 지팡이를 달라고 해서 두 쪽으로 부러뜨리자 그 속에서 12크라운이 떨어지고 채무자는 수치심 때문에 몸둘 바를 모른다. 산초의 현명한 판단력을 저울질하는 세 번째 시험은, 동행하던 돼지치기에게 강간 당했다고 주장하는 억센 여자의 고소 사건이다. 산초는 먼저 남자로 하여금 지갑을 여자에게 주어 떠나게 한 다음 뒤쫓아가 돈을 빼앗아 오라고 지시한다. 난투극을 벌여 지친 두 사람이 돌아왔을 때 여자는 자기가 지갑을 갖고 있다고 말한다. 그러자 산초가 벽력같이 소리친다. "여자여, 들어라. 네가 지갑처럼 자기 몸을 지키기 위해 억센 힘과 용기를 보여주었다면 헤라클레스의 힘으로도 너를 겁탈할 수 없었을 것이다." 돈을 돼지치기에게 되돌려준 산초는 수모 당한 여자를 법정 밖으로 내친다. 산초의 일거수일투족을 기록해 보고하라는 지시를 받은 서기는 산초의 현명한 판단에 또 한 번 놀란다.

Chapter 46
알티시도라의 연정과 종소리, 그리고 고양이들에게 혼쭐난 돈키호테

:줄거리 복도를 걸어가고 있던 돈키호테는 하녀를 거느린 알티시도라를 만난다. 그녀가 기절하는 시늉을 하자 하녀는 순수한 사랑을 거절할 정도 배은망덕한 모든 편력기사들을 욕한다. 돈키호테는 류트 반주로 노래를 작곡해서 그날 저녁 자기 방 창가에서 부른다. 처녀들에게 순결과 덕성을 지키라고 권유하고, '천사 같이 아름다운 둘시네아'에게 충실한 감정과 영혼을 영원히 바친다는 내용이다. 노래가 끝날 때 100개가 넘는 종이 달려 시끄럽게 딸랑거리는 밧줄 하나가 기사의 창문 위로 떨어진다. 설상가상으로 누군가 부대 속에 가득 담긴 놀란 고양이들을 풀어놓아 요란한 울

음소리와 종소리가 무시무시하게 진동한다. 고양이 몇 마리는 돈키호테의 방으로 기어들어와 사방으로 헤집고 다니다 촛불을 꺼뜨린다. 기사가 방에 침입한 마법사들을 장검으로 후려치는 와중에 고양이 한 마리가 그의 코에 달라붙고, 무진 애를 쓴 끝에 간신히 떼어놓는다. 돈키호테가 건강을 되찾기 위해 방에서 닷새를 머물게 되자 공작 부부는 자기들 장난을 후회한다.

Chapter 47
이어지는 산초 판사의 영주 노릇 이야기

: 줄거리 산초가 온갖 과일과 진수성찬이 차려진 푸짐한 만찬 식탁에 앉아 있다. 그러나 산초 앞에 접시가 놓일 때마다 옆에 앉아 감시하는 의사가 음식을 치우라는 몸짓을 한다. 의사는 산초에게 과일에는 물기가 너무 많고 고기에는 양념이 너무 많이 들어갔다고 말하고, 영주는 잼을 조금 바른 웨이퍼 과자만 조금 먹어야 한다는 의견을 밝힌다. 의사에게 몹시 화가 난 산초는 식사량을 줄이면 생명을 늘이는 것이 아니라 줄이는 것이라고 소리친다. 겁에 질린 의사가 슬금슬금 달아나려 할 때 공작으로부터 긴급한 전갈이 당도한다. 어떤 적들이 그의 관할지역을 공격할 뜻을 품고 있으며, 그를 죽이기 위해 이미 첩자들이 파견되었다는 내용이다.

Chapter 48
공작부인의 시녀인 돈나 로드리게스와 돈키호테에게 일어난 사건

: 줄거리 고양이에게 코를 할퀴어 기분이 상한 돈키호테가 그날 밤 방에

누워 있을 때 공작부인의 시녀인 로드리게스가 들어온다. 그녀는 남편의 죽음과 열여섯 살짜리 딸이 당면한 문제를 자세히 설명하고 과거지사를 늘어놓으며 도움을 청한다. 공작의 가신이며 공작에게 돈을 빌려준 부농의 아들이 그녀의 딸에게 열렬히 구애하고 청혼했으나 지금 와서 혼인 약속을 지키지 않고 있다. 다른 대다수 늙은 시녀들처럼 로드리게스는, 알티시도라는 입 냄새가 고약하고, 공작부인은 양쪽 다리에 종기가 생겨 나쁜 체액이 흘러나온다며 험담을 한다. 이때 갑자기 누군가가 뛰어 들어와 시녀를 움켜잡고 슬리퍼로 때리며 방 밖으로 끌고 나간다. 난처해진 돈키호테는 유령들이 사라지자 이 새로운 마법사가 누군지 의아해 한다.

Chapter 49
산초가 섬을 순시할 때 일어난 사건

:줄거리 산초는 다시 영주로서의 능력을 시험받는 세 가지 경험을 한다. 공작의 시종과 다른 부하들을 대동하고 섬을 순시하던 산초는 싸우는 두 남자와 만나 이유를 말하라고 청한다. '몰락한 신사'라는 한 사내는 쓸모 있는 직업훈련을 전혀 받지 못했다면서 도박판에 가서 훈수를 하고 개평을 받아 생활비에 보탠다고 한다. 그런데 이번에 훈수한 도박꾼은 거액의 돈을 따고도 푼돈만 주었다는 것이다. 산초는 도박꾼에게 100레알을 주라고 명령한 다음, 그 기생충 같은 인간을 섬에서 추방한다. 경비원이 수상한 청년을 심문하기 위해 지사 앞에 데려온다. 산초가 몇 가지 질문을 하자 청년은 무례하고 건방지지만 재치 있게 대답한다. 산초는 그 청년을 처벌하는 대신 관대하게 귀가시킨다. 세 번째 면담은 남장한 처녀와 그녀의 오빠에 관한 사건이다. 매력적인 그녀는 집에서 너무나 엄하게 갇혀 지

낸 탓에 세상을 보고 싶은 간절한 소망을 품게 되었다고 한다. 산초는 남매에게 앞으로는 더욱 분별 있게 행동하고 호기심을 줄이라고 타이르고는 물러가라고 지시한다. "정직한 처녀는 한쪽 다리가 부러진 듯이 집안에 조용히 처박혀 지내야 한다"는 것이다.

Chapter 50
시녀를 채찍질하고 돈키호테를 할퀸 마법사, 산초의 편지를 아내 테레사에게 전달하는 사환

: 줄거리　　돈나 로드리게스와 같은 방을 쓰는 시녀가 복도 끝까지 미행하여 그녀가 돈키호테의 침실로 들어가는 것을 보았던 모양이다. 그녀가 재빨리 공작부인과 알티시도라를 깨운다. 방 밖에서 자기네 비밀이 폭로되는 것을 엿듣고 몹시 화가 치민 그들은 로드리게스를 할퀴고 꼬집어 보복하고, 이 이야기로 남편을 즐겁게 해준 공작부인은 둘시네아 역을 했던 총명한 사환을 시켜 산초의 편지를 아내에게 전달하도록 한다. 직접 자상하게 쓴 메모를 편지에 동봉한 공작부인은 산초의 녹색 사냥복과 값비싼 목걸이도 함께 보낸다. 테레사와 딸은 이 선물을 받고 너무나 기쁜 나머지 마을 사람들에게 알린다. 신부, 이발사, 삼손 카라스코는 산초의 영주 취임 이야기를 믿기 어려웠으나 사환은 사실이라고 다짐한다. 테레사는 서기의 도움을 받아 공작부인과 남편에게 보내는 편지를 한 통씩 쓴다.

Chapter 51
산초 판사의 영주 직무 수행과 다른 몇 가지 일화

: 줄거리 　산초는 힘든 업무와 빈약한 식사로 인해 영주 일에 싫증을 낸다. 그가 재판관 석에서 해결한 한 가지 문제는 고전적인 역설의 사례다. 다리를 건너는 것과 관련된 법이 고대로부터 전해 내려온다. 다리를 건너는 사람이 진실을 말한다고 맹세하면 통과가 허용된다. 그러나 거짓말을 하면 교수형을 받는다. 이번 경우에 문제된 사람은 다리를 건너는 유일한 목적이 교수형을 당하는 것이라고 말하지만 진실이기 때문에 교수형에 처할 수가 없다. 그가 죽지 않으면 그의 말은 거짓이 된다. 산초는 항상 "정의 여부가 의심될 경우에는 자비를 택하라"고 했던 주인 돈키호테의 말을 인용하며 그를 통과시키라고 명령한다. 공작의 시종은 산초의 지혜로운 판단에 진심으로 감명받는다. 영주는, 가난한 사람들과 소비자들을 보호하고, 법을 현명하고 공정하고 자비롭게 제정하라고 권고한 돈키호테의 편지를 읽는다. 산초는 우스꽝스럽지만 성실한 답장을 구술하여 쓰게 한다. 영주의 바쁜 일과에서 나머지 시간은 기사의 조언에 따라 탁월한 법률을 만드는 데 할애하며, 그 법률은 '위대한 영주 산초 판사의 헌법'이란 명칭으로 지금도 반포되고 있다고 작가는 말한다.

Chapter 52
절망한 돈나 로드리게스의 모험

: 줄거리 　돈키호테가 공작 부부에게 자신이 선택한 편력기사로서의 적극적인 삶에 대해 알려주고 싶어하는 바로 그때, 검은 옷을 입은 돈나 로드리게스 모녀가 나타나 방해한다. 공작 부부는 로드리게스 부인이 기사에

게 진심으로 도움을 요청한다는 것을 알고 놀란다. 돈키호테는 그녀의 딸을 기만한 애인에게 도전하여 약속을 어긴 그를 죽이든가 강제결혼을 시키겠다고 맹세한다. 공작은 자기 가신의 이름으로 이 도전을 즉각 받아들여 결투 시간과 장소를 발표한다. 테레사 판사를 방문했던 사환이 돌아오자 공작부인은 테레사의 편지를 큰소리로 읽으며 매우 즐거워한다. 돈키호테는 그들에게 테레사가 산초에게 보낸 편지를 읽어주고, 공작 일행은 편지의 소박한 양식과 마을의 소문, 그녀가 남편의 출세로 느낀 기쁨을 함께 맛본다. 끝으로 돈키호테가 산초의 편지를 읽자 사람들은 바보라고 여겼던 산초가 지닌 지혜를 알고 놀란다.

:풀어보기 총명한 시종은 영주 산초에게 돈키호테의 '순교'를 다룬 몇몇 장의 주제를 매우 적절히 표현한다. "매일 경이로운 업적을 세우고, 농담은 진담이 되며, 타인을 조롱할 계획을 세운 자들이 오히려 조롱을 받습니다." 황당한 유희를 계속하는 공작 부부는 바보처럼 보이는 반면, 기사는 위상이 높아지는 것처럼 보인다. 돈키호테가 겪은 굴욕은 그를 우스꽝스러운 인간으로 만든 것이 아니라 고귀한 속성과 목적의 순수성을 더욱 드높인다. 산초는 자신도 지니고 있는지 몰랐던 책임 있는 도덕관을 실행할 기회를 얻는다. 한편, 자연스럽고 진솔한 감정의 소유자인 테레사 판사는 공작부인과 비교될 때 더 나은 인간으로 비친다. 순환의 한 주기를 끝낸 세르반테스는 희롱하는 자들이 오히려 조롱의 대상이 되고, 정상인들에 비해 광인이 온전한 인간이고, 바보들이 훌륭한 지혜를 가장 잘

발휘할 수 있다는 것을 보여준다.

Chapter 53
산초 판사, 고된 영주 직무를 끝내다

: 줄거리   산초는 한밤중에 종소리와 함성, 나팔과 북의 요란한 소리에 잠을 깬다. 적이 섬에 침입했다고 외치며 20명의 남자들이 침실로 뛰어든다. "무장하십시오, 영주 각하!" 그들은 산초를 커다란 방패 사이에 넣고 묶어 거의 움직일 수 없게 만든다. 산초는 부하들의 행렬을 앞장서서 지휘하려고 애쓰지만 무력한 거북이처럼 발을 내디딜 때마다 넘어진다. 사람들은 횃불을 끄고 엄청난 전투가 벌어지는 것처럼 요란한 소동을 벌이며 산초를 마구 짓밟는다. 승리의 함성과 더불어 마침내 희롱이 끝나고 가련한 산초는 부축을 받고 일어나서 숙소로 돌아간다. 그는 말없이 옷을 입고 마구간에 있는 다플레에게 입을 맞추며 인사한다. 약간의 빵과 치즈, 나귀 여물을 꾸린 산초는 부하들에게 작별인사를 하고 공작의 성을 향해 출발한다.

Chapter 54
이 이야기와 관련된 몇 가지 사건의 처리

: 줄거리   돈키호테는 후견인 역할을 하는 부인의 딸을 기만한 청년과의 마상 창 시합을 기다린다. 그 청년은 '돈나 로드리게스'를 장모로 모시는 사태를 피하기 위해 '외국으로 떠났고', 공작은 하인 토실로스에게 그의 역할을 대신하도록 했다고 작가는 알려준다. 한편, 산초가 성으로 돌아온다. 몇몇 순례자를 만난 그는 외국인들 가운데서 이웃 친구였던 무어인 상점

주인 리코테를 알아본다. 푸짐한 식사를 하던 리코테는 자신이 무어인이기 때문에 스페인에서 추방되었고 아내와 딸은 알제에 살고 있다고 말한다. 그는 자기 집 부근에 묻어놓은 약간의 금화를 파내려고 마을로 돌아가는 중이라며, 그 돈의 운반을 도와달라고 부탁한다. 산초는 자기가 욕심이 생긴다고 하며 다른 얘기는 하지 않고 최근의 영주 노릇에 대해 들려주지만 리코테는 믿으려 하지 않는다. 마을 사람들, 특히 리코테의 딸의 연인이자 행방불명된 돈그레고리오에 대해 이야기를 나눈 두 친구는 작별인사와 함께 각자의 길을 간다.

Chapter 55
돌아오는 길에 산초가 겪은 일

: 줄거리 날이 어두워지자 산초는 길을 잃고 헤매다가 나귀와 함께 깊은 구덩이에 빠진다. 그는 좁은 통로를 발견하자 나귀를 끌고 더 깊이 들어가며 돈키호테를 떠올린다. "그분이라면 이런 동굴과 지하감옥을 아름다운 정원과 영광스러운 궁전으로 생각하고, 이 어둡고 좁은 토굴을 빠져나가 아름다운 들판으로 안내 받기를 바랄 것이다." 한편, 마상 창 시합을 대비해서 로시난테를 훈련시키는 돈키호테는 말이 쓰러질 때 산초가 빠진 구덩이 안에 떨어질 뻔한다. 동굴에서 들려오는 사람의 고함과 나귀 울음이 연옥에서 들리는 소리가 아니란 결론을 내린 기사는 도움을 청하러 성으로 돌아간다. 땅 위로 올라와 주인과 만난 산초는 기뻐한다.

: 풀어보기 구덩이를 죽음과 탄생, 끝과 시작을 암시하는 상징적 장치로 사용한 것은 약간 논의할 필요가 있다. 돈을 원하

고 권력에 굶주리고 마음이 편협한 산초는 죽고, 욕심 없고 만족하며 충실한 종자가 구덩이에서 새롭게 탄생하는 것. "산초는 지하감옥인 동굴에서 탈출할 때 섬을 지배하는 자가 아니라 돈키호테에게 봉사하는 시종으로서의 진정한 자유를 발견한다. 산초는 동굴에서 환상을 보지 못하기 때문에 주인을 통해서만 이상을 보는 안목을 가질 수 있고, 돈키호테가 보여주어야만 창의적인 말을 할 수 있다. 공작 부부와 치르는 일련의 모험이 거의 끝나면서 굳게 맺어진 기사와 종자가 새로운 모험을 찾아 떠날 것임을 독자에게 보여주기 위해 세르반테스는 이 구덩이란 장치를 다시 한 번 사용한다.

Chapter 56
로드리게스 부인의 딸을 수호하기 위한 돈키오테의 결투

:줄거리 결전의 날이 닥친다. 공작은 부상을 입히지 않고 돈키호테를 패배시킬 방법을 토실로스에게 가르쳐준다. 여러 지역의 주민들이 행사를 구경하기 위해 모여드는 가운데 들판에 경기장이 마련된다. 빛나는 갑옷을 입고 원기왕성한 말을 탄 토실로스는 패하면 딸과 결혼하고, 승리하면 의무에서 해방된다는 도전자의 조건을 받아들인다. 그러나 로드리게스의 딸을 보는 순간 흠모의 마음이 생긴 토실로스는 돈키호테가 돌격하자 결투 집행관을 불러, 싸우지 않고 즉각 여인과 결혼하겠다고 말한다. 마상 창 시합이 취소되고 토실로스가 투구를 벗자 배신한 연인이 아니란 사실이 밝혀지지만 모녀는 그의 청혼을 받아들인다. 돈키호테는 몹시 당황한

공작을 보고는 마법사들이 전에도 적들의 얼굴을 변화시켰다며 하인이 본래의 연인으로 변할 때까지 2주일을 기다리겠다고 말한다.

Chapter 57
돈키호테의 출발과 알티시도라와 돈키호테 사이에 일어난 사건

: 줄거리　돈키호테가 모험을 찾아 성을 떠나려고 준비하는 동안 공작의 시종은 산초에게 200크라운을 선사한다. 그들이 떠나려는 순간, 알티시도라가 돈키호테 앞에 나타나 거짓으로 이별 노래를 부른다. 그녀는 그를 사랑에 냉담한 사람이라고 비난하고, 한술 더 떠 그가 자기 손수건 한 장과 양말대님 두 짝을 훔쳤다고 넌지시 내비친다. 기사는 조금도 동요하지 않고 그녀가 보답받지 못한 사랑에 시시한 보복을 하고 있다고 공작에게 단언한다. 산초는 자기가 그 손수건을 받았다고 말하고, 이어 시녀는 자신이 양말대님을 매고 있다는 사실을 기억해낸다. 돈키호테는 이러한 희롱에도 아랑곳 않고 점잖게 사라고사를 향해 출발한다.

Chapter 58
여러 가지 모험에 연달아 직면한 경위

: 줄거리　기사와 종자는 길가에 앉아 점심을 먹는 인부들을 만난다. 그들은 마을 성당의 제단을 장식할 여러 가지 성자 상을 배달하는 중이라고 말하고, 돈키호테는 성자 상들을 볼 수 있느냐고 묻는다. 성 조지와 성 마르틴, 무어인 살육자 산 디에고의 조상을 면밀히 살펴본 기사가 각 성인의 여러 미덕에 대해 웅변적으로 의견을 밝히자 산초는 주인이 세상의 모든 지식

을 다 알고 있다는 생각을 더욱 굳힌다. 돈키호테가 새잡이 그물에 걸리면서 두 사람의 다음 모험이 시작된다. 녹색 그물을 쳐놓은 것이 사악한 마법사의 소행이라고 생각하는 기사가 그것을 찢으려 할 때 의복을 잘 갖춰 입은 여자 양치기 두 명이 나타난다. 처녀들은 전원적 이상향인 아르카디아를 새로 건설중인 마을 주민이라고 소개하고, 기사와 산초를 마을로 초대한다. 저녁식사가 끝난 후 기사는 감사의 뜻을 밝히고, 이틀 동안 큰길의 한가운데 서서 이 새로운 이상향의 처녀들이 세상에서 가장 아름답고 예의바른 숙녀란 주장을 관철시키겠다고 맹세한다. 물론, 둘시네아는 예외다. 대로에 대고 큰소리로 외치는 기사와 산초는 장창으로 무장한 무리가 말을 타고 빠른 속도로 달려오는 것을 본다. 그 일행 하나가 소리친다. "물러서라. 그렇지 않으면 수소들이 너희들을 짓밟아 산산조각 낼 것이다." 그러나 사나운 소떼 앞에서도 기사는 물러서지 않는다. 소떼가 기사는 물론, 다플레와 로시난테, 산초까지 짓밟으며 지나간다. 너무나 당황한 돈키호테는 이상향의 친구들에게 작별인사도 건네지 못하고 길을 떠난다.

: 풀어보기　돈키호테는 새 이상향 아르카디아 주민들의 친절에 매우 감사한다. 그의 이야기를 모두 읽은 주민들이 용감한 기사를 조롱하지 않는 점이 주목할 만하다. 마침내 돈키호테는 자기처럼 평화롭고 높은 이상을 따르는 '황금시대'의 사회를 다시 건설하고 싶어하는 무리들을 찾아낸 것이다. 그래서 그는 큰길의 교차점에 용감하게 버티고 서서 이런 새 사회에 동의하지 않는 세상에 도전하지만 사나운 소떼에 짓밟히고 만다. 세르반테스는, 이 소떼가 마법사가 아니라 불결한 짐승들

이란 사실을 돈키호테가 알아차리게 만들어 그를 환멸 속으로 더 깊이 몰아넣고 있다. 돈키호테는 온전한 정신이 들기 시작하면서 무의식중에 죽을 준비를 한다.

Chapter 59
돈키호테에게 일어난 특이한 사고

: 줄거리 막무가내인 소떼와 맞닥뜨린 후 기분이 몹시 우울해진 기사는 식사를 거부하는 반면, 산초는 집어넣을 수 있는 만큼 열심히 먹는다. "산초야, 나는 살면서 죽어가기 위해 태어났고 너는 먹으며 죽어가기 위해 태어났구나." 종자가 기사에게 힘 내서 식사를 제대로 하고 절망하기보다는 잠을 푹 자라고 간곡히 청하자 약간의 음식을 먹는다. 두 사람은 어느 주막에서 숙소를 정하는데, 돈키호테는 그곳을 성이 아니고 주막이라고 부른다. 주막에서 기사는 또 다시 조롱당하는 상황에 직면하게 된다. 몇 명의 신사들과 만난 그들은 라만차의 기사와 산초 판사 이야기의 속편으로 아베야네다가 쓴 책에 관해 토론한다. 돈키호테는 자기들이 진정한 주인공이며 문제의 책에 묘사된 인물들은 허구라고 확인해 준다. 그리고 사라고사로 가는 길이라고 쓰여진 아베야네다의 책이 위작임을 증명하기 위해 기사와 종자는 새 친구들과 이별을 한 다음, 예고되었던 사라고사 대신 바르셀로나로 향한다.

Chapter 60
바르셀로나로 향하는 돈키호테에게 일어난 사건

  두 사람이 길에서 쉬고 있을 때, 돈키호테는 둘시네아의 마법을 푸는 일에 너무나 골몰한 나머지 잠을 이루지 못한다. 그는 산초를 직접 채찍질하기로 결심하고 자고 있는 종자의 각반을 벗기기 시작한다. 놀라서 잠이 깬 산초가 주인과 드잡이를 벌여 깔고 앉고는 채찍질을 하겠다는 생각을 버리라고 강요하자 주인은 하는 수 없이 동의한다. 산초는 나무에 매달려 있는 여러 구의 시체를 발견하고 두려움에 떤다. 그러나 주인은 죽은 도적들의 시체를 보고도 눈 한 번 깜빡하지 않는다. 그 까닭은 바르셀로나에 가까워졌다는 것을 의미하기 때문이다. 시체를 본 직후 도적들 40명이 두 사람을 에워싼다. 두목인 로케 귀나르트는 로빈 후드를 본받아 의협심을 가진 무법자다. 부하들에게 산초와 기사를 정중히 대접하라고 지시한 로케는 돈키호테와 대화를 시작하고 얼마 지나지 않아 '그의 약점'을 발견한다. 갑자기 말을 타고 나타난 아름다운 처녀가 산적 두목에게 보호를 요청한다. 조금 전 연인이 다른 여자와 결혼한다는 소문을 듣고 그를 쏘아 죽였다는 것이다. 핏자국을 따라간 로케와 부하들은 부상당한 청년 돈비센테를 운반하는 행렬과 만난다. 마지막 숨을 몰아쉬는 청년은 항상 그녀에게 충실했노라고 하고, 슬픔에 휩싸인 클라우디아는 남은 생애를 수녀원에서 보내고 싶어한다. 로케는 기사도에 충실한 산적이란 사실을 보여준다. 대형 마차를 강제로 세운 그의 부하들은 보병 대위, 도보 순례자 각 두 명과 숙녀의 소지품을 약탈한다. 여자나 군인들의 금품 갈취를 원하지 않는 로케는 부하들에게 각각 2크라운, 순례자들에게 각각 10크라운을 주고 나서, 산초에게 10크라운을 주기 위해 포로들로부터 돈을 넉넉히 빌리고는 통행증을 주어 마차가 여행을 계속할 수 있게 한다. 로케는 바르셀로나의 친구에게 특이하고 유쾌한 돈키호테와 산초 판사를 소개하고 오락거리로 삼으라는 편지를 써서 부하 편에 보낸다.

   해적판 저자의 조롱에 직면했던 돈키호테는 이제 산초의 저항으로 굴욕을 겪는다. 그러나 기사는 체념하고 종자의 말을 따른다. 그 일이 있고 난 뒤 산적들의 시체를 보고 겁에 질린 산초는 즉각 주인에게 보호를 청한다. 그러나 산초가 주인에게 대든 일은 그가 돈키호테와 지내면서 성숙해져 머지 않아 기사에 대한 봉사에서 벗어나 독립생활을 할 수 있다는 표시다. 돈키호테가 산초의 승리를 순순히 인정하고 격투에서 소극적인 태도를 취한 것은 임박한 죽음에 대한 감정을 드러낸다.

로케 귀나르트는 가난한 사람들을 열성적으로 돕고 처녀들의 고통을 덜어주려 한다는 면에서는 돈키호테와 매우 흡사한 인물이다. 그러나 그는 기사와 달리 불안정한 생활을 한다. 두 사람의 기사도적 이상은 동일하지만, 그 산적은 현실을 변화시키도록 돕는 정신착란의 장점을 지니고 있지 않다. 돈키호테적 신념의 실현에 실패한 로케는, 현실을 즐기며 현실로부터 자유로운 기사와 비교할 때 동정받아야 할 인물이다. 그는 현실을 잘못 이해해서 조롱한다.

Chapter 61
돈키호테의 바르셀로나 입성

   로케 일당과 사흘간 여행한 돈키호테와 산초는 바르셀로나 교외

에서 그들과 아쉬운 작별을 한다. 한 무리의 말 탄 사람들이 두 사람의 도착을 요란하게 맞이한다. 로케의 편지를 받은 그의 친구다. "용감한 라만차의 돈키호테를 환영합니다. 최근 가짜 이야기에 등장한 가짜가 아닌, 역사가의 꽃인 시데 하메테가 묘사한 진짜 영웅을 환영합니다." 기사와 종자는 존경하는 시민들에게 둘러싸여 바르셀로나에 당당하게 입성하고, 돈 안토니오 모레노의 초대를 받아 그의 저택으로 안내된다.

Chapter 62
마법에 걸린 흉상의 모험

 **: 줄거리**   돈안토니오는 돈키호테를 희롱할 계획을 세운다. 그는 청동 흉상

과 탁자 한 개만 있는 방으로 기사를 안내한다. "세계에서 가장 위대한 마법사의 한 사람이 만든 흉상인데, 어떤 질문에도 답을 하는 능력을 지녔습니다." 그리고는 다음날 이 흉상의 영험을 직접 보게 될 것이라고 장담한다. 한편, 그는 손님의 등에 "이 사람은 라만차의 돈키호테이다"란 쪽지를 핀으로 붙이고 바르셀로나 시내를 일주하는 여행에 나선다. 기사 일행을 지나치는 모든 사람들이 쪽지를 계속 읽어대자 기사는 자신의 명성이 그토록 널리 알려진 사실에 놀라워한다. 그날 저녁 돈안토니오의 부인이 무도회를 열어 손님에 대한 존경을 표한다. 대단히 많은 귀부인들이 용감한 기사에게 춤을 청하고, 기진맥진한 그는 마침내 무도장 한가운데서 쓰러진다. 기사는 산초의 부축을 받아 침대로 운반된다. 기사의 특이한 퇴장 방식과 춤추는 모습을 보고 모든 무도회 참석자들이 즐거워한다. 다음날, 마법의 흉상은 최소한의 정보에 불과하지만 제시된 질문에 모두 답한다. 작가는 독자들을 위해 이 흉상이 지닌 마력의 출처를 밝혀낸다. 아래층에 있는 돈안토니오의 조카가 흉상이 놓인 탁자의 속이 빈 다리와 흉상 속의 빈 공간에 연결된 주석 파이프에 대고 말을 하는 것이다. 이런 유희가 끝난 후 돈키호테는 걸어서 시내 관광을 나간다. 인쇄소를 발견한 돈키호테는 기쁜 마음에 공장 전체를 살펴보며 공원들로부터 작업 설명을 듣는다. 이 장면은 세르반테스가 (돈키호테의 말을 빌려) 서적 판매상과 출판업자, 인쇄업자들의 비정한 관행을 자세히 설명하는 기회가 된다.

풀어보기 돈키호테가 바르셀로나에서 당한 여러 가지 가혹행위는 공작의 성에서 겪은 시련을 능가한다. 등에 쪽지를 붙인 채 거리를 활보하게 만들어 행인들의 조롱거리가 되고 녹초가 될 때까지 억지로 춤을 추어 할일 없는 구경꾼들을 즐겁게 한 것은 기사가 지금까지 당한 굴욕 가운데서 가장 심한 경우다. 세르반테스는 이 일련의 사건 속에서 농촌생활보다 도시생활이 퇴폐와 조소에 더욱 쉽게 노출된다는 것을 보여준다.

Chapter 63
무어 귀부인의 기이한 모험과 산초가 갤리선에서 당한 불운

:줄거리 돈안토니오는 손님들을 제독의 갤리선에 태운다. 배를 처음 타보는 산초는 감동과 두려움을 동시에 느낀다. 노꾼들 가운데 하나가 지시를 받고 산초를 들어 올려 뒤에 있는 사람에게 던지자 가련한 종자는 차례차례 배 끝까지 공중에서 이동된다. 돈키호테는 지체 높은 사람에게 합당한 환영을 받는다. 그러나 선장이 알제리의 쌍돛 범선을 추격하라는 지시를 내려 갤리선 노예들에게 최대한 빠르게 노를 젓도록 독려하면서 정중한 예우는 중단된다. 선장의 배가 무어인 배 옆으로 접근하자 술 취한 터키 선원 두 명이 스페인 배에 총을 쏘아 선원 두 명을 살해한다. 장군은 무어인 포로들을 모두 육지로 끌고 와 한 사람씩 교수형에 처하기로 결정한다. 무어인 배의 젊고 용모가 준수한 선장이 가난한 '기독교도 여자'라고 신분을 밝히자 현장에 있던 사람들은 물론 총독조차 깜짝 놀란다. 그녀는 가톨릭 교육을 받은 스페인 태생으로 가족과 함께 바바리 지방으로 강제 추방된 사람이었다. 안나 펠릭스는 가족과 연인인 돈가스파르 그레고리오가 알제로 이민한 이야기를 들려준다. 알제의 왕은 그녀의 미모와 재산에 깊은 관심을 보였다. 그런데 잘생긴 청년도 함께 잡혔다는 보고를 받은 왕의 관심이 그에게로 쏠리자, 안나 펠릭스는 터키인들이 처녀보다 청년을 선호한다는 사실을 알고 계책을 꾸몄다. 그녀는 돈가스파르를 여자로 분장

시켜 왕 앞에 나가도록 주선했고, 왕은 그를 영주에게 선물로 보내기 위해 남겨두기로 결정한다. 한편, 왕은 그녀에게 옛날 집에 묻어둔 보석과 금을 가져오라고 지시한다. 이렇게 해서 그녀와 무례한 터키인들이 쌍돛 범선에 오르게 된 것이다. 총독의 일행 가운데 한 사람이 갑자기 여자 앞에 몸을 던진다. "안나 펠릭스, 내 사랑하는 불운한 딸아, 너를 찾기 위해 돌아온 아비 리코테란다." 부녀의 따뜻한 재회에 깊이 감동한 총독은 터키인들에 대한 사형 집행까지 취소한다. 돈안토니오 모레나는 안나 펠릭스와 리코테에게 호의를 베풀고, 리코테는 다시 이웃인 산초와 다정하게 재회한다.

Chapter 64
돈키호테에게 가장 충격적인 불운한 모험

:줄거리 리코테가 돈가스파르의 석방을 위해 넉넉한 보석금을 제안하고, 믿을 만한 배교자의 감독 아래 보석금을 실은 갤리선을 알제에 파견해 그를 스페인으로 데려오도록 한다. 그 배교자가 실패하면 돈키호테가 직접 구원에 나서야 한다는 데 모든 사람이 동의한다.

어느 날 아침 돈키호테가 평소처럼 완전무장하고 해변을 걷고 있을 때, 무장한 기사 한 사람이 그를 향해 달려온다. "나는 하얀 달의 기사다. 자, 당신과 싸우러 왔다." 두 사람은 결투 조건을 놓고 담판을 벌여 합의한다. 돈키호테가 패배하면 무장을 해제하고 1년 동안 집에 머물러야 한다. 그리고 이길 경우에는 적의 생명과 재산은 그의 소유가 된다. 돈안토니오와 다른 사람들이 이 진기한 행사를 지켜보기 위해 서둘러 도착한다. 두 기사가 돌격을 시작하고, 순식간에 라만차의 영웅은 땅 위에 드러눕는다. 로시난테는 기사 옆에 쓰러진다. 돈키호테는 '마치 무덤 속에서 들려오는 듯한' 목소리로 자신의 나약함 때문에 둘시네아의 완벽함이 손상되는 것은 허용할 수 없다고 말한다. "안 된다. 기사여, 네 창으로 내 몸을 꿰뚫어 내 목숨이 명예롭게 끝나도록 하라." 승자는 둘시네아의 명성이 '완전하고 흠 없는' 상태로 유지되도록 하고 둘시네아의 수호자가 신념대로 진정한 기사로서 귀가하도록 하겠다고 말한다. 돈키호테는 처량한 몰골로 부축을 받고 일어난다. 너무나 큰 충격을 받은 산초는 방금 일어난 사건을 믿을 수가 없다.

: 풀어보기 돈키호테의 대단한 내면의 힘은 최악의 패배를 당한 순간에도 그대로 유지된다. 그는 이상적인 사랑과 영감의 원천인 둘시네아에게 계속 충성하고, 목적을 단념하지 않는다. 둘시네아의 완벽함은 그의 상상의 소산이지만 돈키호테는 신념으로 그 피조물에게 독립적인 생명을 부여했다. 그 자신은 죽지만 둘시네아에 대한 신념은 영원할 것이다. 이렇게 보면, 산초도 기사의 피조물로 간주될 수 있다. 왜냐하면 머지않아 산초는 독립생활을 하게 되기 때문이다. 돈키호테는 삼손 카라스코에게도 영향을 미쳤다. 승리한 기사로 변장한 그가 자기 이름을 영웅적인 기사와 결부시켜 영광과 명성을 나누고 싶었기 때문에 그토록 돈키호테의 '치료'에 집착했다고 여겨질 수 있는 것이다. 여기서는 삼손이 거짓말과 악의적 유희가 횡행하는 바르셀로나에서만 돈키호테를 이길 수 있다는 점에 주목해야 한다.

Chapter 65
하얀 달의 기사

:줄거리 하얀 달의 기사에 대해 좀더 알고 싶은 돈안토니오는 그의 숙소까지 따라간다. "저는 독신자 돈카라스코입니다. 돈키호테와 같은 마을에 살죠." 그는 기사를 패배시키려 했던 첫 번째 시도에 관해 들려주고, 명예를 지키기 위한 두 번째 시도에서 성공한 것이라고 말한다. 그는 무구를 꾸려 나귀에 실은 다음 말을 타고 천천히 집을 향해 간다. 한편, 산초는, 우울한 기분으로 침대에 누워 있는 돈키호테를 위로하기 위해 애쓴다. 기사는 1년 동안 은퇴했다가 기사 생활을 재개할 것이라고 말한다. 돈안토니오가 기사의 방에 들어가 돈가스파르가 알제의 감옥을 벗어나는 데 성공했다는 소식을 전한다. 연인들은 다시 맺어지고, 총독은 국왕에게 청원해서 리코테 가족의 스페인 거주 허가를 받아내겠다고 리코테에게 장담한다. 이틀 후 무구를 다플레의 등에 실은 돈키호테는 로시난테를 타고 천천히 집으로 향한다. 그 옆을 산초가 걸어간다.

Chapter 66
읽는 사람은 보게 될 사건, 읽는 것을 듣는 사람은 듣게 될 사건

:줄거리 여행 나흘째 되던 날, 두 사람은 주막 앞에서 말다툼을 벌이는 한 무리의 농부들을 만난다. 달리기 경주를 가질 예정인 뚱뚱한 농부와 마른 농부가 언쟁을 하고 있다. 몸무게가 300파운드인 도전자는 달릴 때 두 사람의 몸무게가 같도록 경쟁자가 무거운 짐을 져야 한다고 주장한다. 두 사람은 산초에게 판단을 요청한다. 판정 경험이 많은 산초의 결정은 이렇다. "몸집이 크고 뚱뚱한 도전자가 살을 깎거나 베거나 밀거나 잘라 150파운

드를 줄여라.” 그러면 두 사람이 대등한 경주를 할 수 있다. 농부들은 이 판정을 받아들이고, 돈키호테와 현명한 종자는 가던 길을 재촉한다. 그들이 만난 다음 사람은 공작의 시종인 토실로스이다. 그는 로드리게스의 딸과 결혼하기를 원했다는 이유로 공작에게 채찍질을 당했고, 처녀는 수녀원으로 보내졌으며, 시녀는 해고당했다. 이렇게 돈키호테의 가장 성공적인 모험 가운데 하나가 끝났다.

Chapter 67
돈키호테가 전원의 양치기 생활을 결심하다

:줄거리　돈키호테는 토실로스가 알티시도라에 관해 이야기한 것이 있느냐고 산초에게 묻고, 두 사람은 수소들에게 짓밟힌 곳에 도착할 때까지 이야기를 계속한다. 돈키호테는 장차 하게 될 전원생활에 대해 산초에게 밝힌다. 양떼를 사고, 자기 이름은 목동 키호티스로 바꾼다. 산초에게는 양치기 판시노, 그리고 마을 신부와 이발사, 독신 청년에게도 어울리는 이름을 붙여줄 것이다. 산초는 이 새로운 생활 방식을 마음에 들어한다. 두 사람은 한동안 전원생활에 관한 이야기를 계속하다가 날이 어두워지자 간단한 식사를 하고 길가의 들판에서 노숙할 준비를 한다.

Chapter 68
돼지떼의 모험

:줄거리　돈키호테는 둘시네아에게 걸린 마법을 생각하느라 잠을 이루지 못하고 괴로워한다. 그는 산초를 깨워 그녀의 마법을 풀기 위해 자진해서

300 내지 400대의 채찍질을 하라고 권한다. 두 사람이 다투고 있을 때 갑자기 꿀꿀대는 돼지떼 소리가 골짜기 안에 진동한다. 600마리 이상의 돼지가 어둠 속에서 뛰어나와 두 사람과 다플레를 짓밟는다. 산초가 욕설을 하는 동안, 돈키호테는 패배한 편력기사에게 가해진 합당한 수모로 담담하게 받아들인다. 두 사람은 다시 길을 가다가 무장을 하고 말을 탄 사람들을 만나게 된다. 그들은 기사와 종자를 포로로 잡아 다른 방향으로 끌고 간다. 밤이 되자 기사와 종자는 정말로 두려움을 느낀다. 일행은 어둠 속을 한두 시간 달려 공작의 성에 도착한다.

Chapter 69
이 유명한 이야기 가운데 가장 독특하고 기이한 모험

: 줄거리　놀라서 두 눈이 휘둥그레진 기사와 종자 앞에는 치밀하게 꾸며진 극적인 광경이 기다리고 있다. 검은 벨벳 천으로 덮인 거대한 무덤의 중앙에 마련된 무대 위에서는 여러 개의 가느다란 양초가 타고, 천 위에는 아름다운 처녀의 시신이 안치되어 있다. 가까운 왕좌에는 무대의상처럼 차려 입은 왕과 왕비가 앉아 있다. 돈키호테가 보니 공작 부부다. 그리고 자세히 살펴보니 그 처녀는 바로 상심으로 죽은 알티시도라이다. 이때 청년이 무덤 옆으로 걸어 나오며 알티시도라의 희망 없는 연정과 슬픈 종말을 그린 만가를 부른다. 다른 두 배우는 산초만이 죽은 처녀를 살릴 수 있는 힘을 가졌다는 내용의 대사를 읊는다. 그가 여섯 시녀들이 얼굴을 비틀고 꼬집고 핀으로 팔과 등을 찌르도록 허락하는 참회의식을 받아들일 경우 처녀가 되살아난다는 것이다. 가련한 산초가 몇 차례 이의를 제기하지만 무시당하고 시녀들이 엄숙하게 앞으로 나온다. 시녀들이 산초를 몇 번 꼬

집자 알티시도라가 의식을 회복하고 일어나 무덤에서 걸어 내려온다.

Chapter 70
이야기 설명에 필요한 몇 가지 일화의 자초지종

 시데 아메테가 이처럼 기이한 행사의 뒷이야기를 독자들에게 들려준다. 거울의 기사로 변장하고 돈키호테에게 도전했다가 패배한 삼손 카라스코는 공작의 성에서 그를 찾아낼 수 있으리라 생각하고 뒤를 따랐으나 방금 전에 기사가 사라고사로 떠났다는 소식을 듣는다. 공작은 삼손에게 귀향길에 들러 돈키호테와 상대한 전말을 들려달라고 부탁했고, 삼손은 부탁 받은 대로 한다. 공작은 돈키호테가 지나가게 될 도로마다 하인들을 배치했고, 하인들이 기사와 함께 오고 있다는 보고를 받자마자 장례식 준비가 진행된 것이었다. 돈키호테 이야기로 다시 돌아온 작가는 잠을 깬 기사가 방에서 알티시도라를 발견하게 되는 과정을 설명한다. 그의 침대 옆에 앉은 여자는 기사에 대한 애틋한 연정을 한숨 섞어가며 이야기한다. 돈키호테는 담요를 머리끝까지 뒤집어쓰고 있다. 그녀는 지옥에 머물 때 일어난 공상 같은 장면도 설명한다. 악마들은 테니스 공 대신 책을 가지고 경기를 했는데, 특히 자기들이 써도 이 책보다는 나았을 것이란 생각으로 돈키호테의 이야기 제2편이라고 불린 책을 함부로 다뤘다. 음악가 몇 명과 시인 한 명이 돈키호테와 이야기를 나누기 위해 찾아오고, 이어 공작 부부가 그의 방으로 들어온다. 돈키호테는 알티시도라가 마음 쏟을 일이 부족하기 때문에 이룰 수 없는 사랑에 허송세월을 한다고 공작에게 충고한다. 돈키호테와 산초가 공작 부부와 저녁식사를 마치고 물러 나온다.

Chapter 71

귀향길에 돈키호테와 시종에게 일어난 사건

 마법을 풀고 죽은 사람을 살리는 산초의 탁월한 능력을 전보다 더 단단히 믿게 된 돈키호테는 종자에게 매값을 주기로 하고 채찍질을 시작하라고 다그친다. 산초는 합리적인 보수를 기대하고 곧바로 열심히 채찍질을 하지만 몇 차례 때린 후에는 기사의 눈에 띄지 않는 곳으로 가서 나무줄기를 채찍질하며 신음소리를 낸다. 횟수를 세고 있는 돈키호테는 종자의 고통을 더 이상 참을 수 없어 그만두라고 간청한다. 그들은 다음 주막에서 묵기로 하는데, 돈키호테는 성이 아니라 주막으로 제대로 본다.

Chapter 72

돈키호테와 산초가 집에 도착한 경위

 그곳에서 두 사람은 돈알바로 타르페란 사람을 만난다. 기사는 타르페가 아베야네다의 책 속에 등장하는 인물임을 알아본다. 돈알바로는 사라고사의 마상 창 시합에 돈키호테와 함께 갔었다고 말한다. 진정한 주인공은 타르페에게 두 명의 가짜 인물과 동행했다는 요지의 선서증언을 부탁한다. "상기 돈키호테는 아베야네다가 집필해 인쇄한 이야기 속 등장인물과 동일인물이 아니다." 그날 밤 돈키호테가 마법에서 풀려난 둘시네아를 찾아내기 위해 지나가는 여자들의 모습을 빠짐없이 살펴보고 있는 동안 산초는 몇 그루의 나무 사이에서 참회를 끝낸다. 두 사람은 불현듯 고향의 계곡이 내려다보이는 언덕 위에 서 있다는 것을 깨닫는다.

Chapter 73
기사가 마을에 들어갈 때 일어난 불길한 사건

:줄거리 　두 사람이 마을로 내려갈 때 돈키호테는 한 소년이 다른 아이에게 하는 말을 우연히 듣게 된다. "네 육체가 숨을 쉬는 동안은 그녀를 보지 못할 것이다." 기사는 이 말이 자신을 위해 준비된 것이라고 확신한다. 이어 다급하게 쫓기던 토끼 한 마리가 다플레의 다리 밑으로 피신하여 쉰다. 돈키호테는 이 새로운 징조에 관해 말한다. "토끼가 달아나고, 사냥개들이 뒤쫓으며, 둘시네아는 놀라지 않는다." 산초는 기사의 두려움을 쫓아주기 위해 노력한다. "자, 사냥개들에게 쫓기는 이 토끼가 마법사들에게 위

협받는 둘시네아라면 소인은 지금 그녀를 주인님의 안전한 보호에 맡기겠습니다요." 두 소년에게 질문을 던진 산초는 한 소년이 귀뚜라미 집을 다른 소년에게 돌려주기 않으려 한다는 사실을 알게 되고, 돈키호테는 기분이 진정된 듯이 보인다. 마을에 도착한 두 사람은 먼저 대학생 카라스코와 신부를 만난다. 산초를 만난 테레사와 딸은 행복하게 집으로 향한다. 신부와 카라스코에게 패배 사실을 전한 돈키호테는 1년간 양치기를 하며 보낼 생활을 설명하며 두 사람의 동참을 청한다. 이처럼 새로운 미친 상상을 재치 있게 받아들이는 신부와 카라스코는 기사의 계획에 박수를 보낸다. 삼손은 모든 사람이 아는 바와 같이 '가장 유명한 시인인 나는 전원시를 여러 편 쓸 것'이라고 말한다. 돈키호테는 조카딸과 가정부를 만나고, 두 사람은 기사를 다시 보살피게 된 것을 기뻐한다.

 불길한 징조들과 마주친 돈키호테는 본모습의 둘시네아를 찾아내는 것에 절망하기 시작한다. 그 절망은, 현실의 알돈사를 받아들이는 환상이나 기사로서의 통찰력을 통해 성취한 완전무결한 둘시네아의 환상을 포기하고 죽을 준비를 하는 알론소 키하노의 생각이 표현된 것이다. 돈키호테가 신부와 대학생에게 양치기 생활에 대해 이야기하자 대학생은 자신이 유명한 시인이란 사실을 모든 사람이 안다고 말함으로써 그 자신의 근본적인 돈키호테주의와 둘시네아 추구에 관한 본색을 드러낸다. 그는 이 발언을 통해 우월한 경쟁자를 몰락시키고 싶어하는 무의식적인 욕망과 돈키호테에 대한 부러움을 내비친다.

Chapter 74
병든 돈키호테, 유언을 남기고 죽다

: 줄거리   돈키호테가 쇠약해지자 집안사람들은 둘시네아의 마법을 풀지 못한 실망과 결투의 패배에 대한 회한 때문에 병이 든 것으로 생각한다. 신부와 카라스코, 산초가 환자의 힘을 북돋으려고 애쓰지만 헛수고다. 유언장을 만든 돈키호테는 신부에게 고해하고, 친구들을 불러 모은다. "나의 좋은 벗들이여, 이제 여러분에게 반가운 소식을 진하겠소. 나는 더 이상 라만차의 돈키호테가 아니오. 세상 사람들이 그의 공정한 행실을 보고 기꺼이 선한 사람이라고 부르는 알론소 키하노올시다. 이제 내가 골의 아마디스와 그의 전체 세대의 적이란 것을 선언합니다." 그러자 산초는 울면서 아직 이루지 못한 기사의 공적이 남아 있으므로 죽지 말라고 간청한다. 더 이상 허무맹랑한 이야기를 언급하지 않는 돈키호테는 비감한 어조로 "작년 둥지에는 새들이 살지 않는다"고 말한다. 돈키호테는 유언장에

서 조카딸이 결혼할 경우 기사도 책에 관한 지식이 없는 남자를 골라야 하고, 이런 뜻에 반하는 결혼을 고집하면 유산을 몰수한다고 명시한다. 돈키호테가 세상을 떠난다. 세르반테스는 '현명한 시데 아메테'의 펜을 빙자해서 이렇게 적는다. "돈키호테는 오직 나를 위해 태어났다. 나는 오직 그를 위해 태어났다. 행동하는 것은 그의 몫이었고, 쓰는 것은 내 몫이었다. 다듬어지지 않은 조잡한 타조 깃털 펜으로 내 용감한 기사의 공적을 감히 기록한 작가를 사칭한 자(아베야네다)의 행위에도 불구하고 돈키호테와 나는 하나다."

:풀어보기 돈키호테가 임종을 맞게 되자 산초는 광기의 절정에 이른다. 주인에게 자리를 털고 일어나 편력기사 수련을 하러 가자고 간청하는 산초는 죽음과 온전한 정신을 부정한다. 그리고 불멸을 부여하는 둘시네아에게 다시 봉사하겠다는 돈키호테주의를 밝힌다. 그러나 환멸 속에 깨진 돈키호테의 신념을 되살릴 수는 없는 산초는 그 자신이 돈키호테주의의 상속자로 남는다.

자신이 창조한 인물들을 '의붓자식들'이라고 부르는 세르반테스의 애착이 다시 강조된다. 〈돈키호테〉의 위대함은 이전 작품에서는 전혀 나타나지 않았다. 세르반테스가 자신을, 선견지명을 가진 기사를 탄생시킨 어느 창의적인 정신의 우연한 매개자에 불과하다고 믿었다고 상상하는 것은 어렵지 않다. '오직 나는' 돈키호테를 위해 태어났다고 쓴 세르반테스는 돈키호테의 정신이 자신의 예술을 초월한다고 덧붙였어야 한다.

인물분석 노트

알론소 키하노의 무미건조한 성격이 기사의 면면에서 종종 엿보이지만 돈키호테의 성격을 개략적으로 묘사한다면 이상주의자라고 할 수 있다. 그는 미친 사람이거나 편력기사로서에 관한 한 '이상주의자'다. 돈디에고 데 미란다와 시를 논할 때 보여준 바와 같이, 문학에 관해 현실적인 강론을 한다. 새 아르카디아 처녀들을 널리 알리기 위해 도로의 교차로에서는 경우처럼 진심으로 감사할 수 있을 뿐만 아니라 예절이 투철하다. 새 아내를 거느리는 방법을 가난한 바실에게 조언하고 산초에게 훌륭한 지사가 되는 길을 훈계하는 돈키호테의 상식과 윤리 기준은 〈햄릿〉의 유명한 장면에서 폴로니어스가 레어티스에게 충고하는 경우와 비슷하다. 그는 정직하고 정숙해서 마을 사람 모두의 사랑을 받는다.

그의 성격에 나타나는 재미있는 갈등은 이런 미덕을 갖춘 온전한 정신의 자질과 광기로 생기는 특성 사이에서 일어난다. 성질이 급한 그는 편력기사 제도에 이의를 제기하는 말에 자극 받으면 곧바로 화를 낸다. 그리고 책임 의식은 때때로 재난을 초래하는 간섭으로 이어진다. 기사도 시대의 이상에 따라 시적이고 감수성이 풍부한 그는 노래를 잘 부르고 시를 짓고 곤경에 빠진 사람들을 돕는다. 물론, 그 위에는 돈키호테적 신념에 수반되는 환상과 이상, 절대적 진리와 정의에 대한 추구가 있다.

그러나 돈키호테주의를 통해 볼 때, 세상이 투사하는 영상은 투명한 속성 때문에 보편적 관점들이 왜곡되는 고상한 고원에서 투사하는 영상과 같다. 예를 들어, 기사는 염소 목동들을 기본적으로 자신과 동류의 인간으로 취급한다. 그가 미치지 않았다면 목동들의 무지와 가난을 눈치 챘겠지만 그럼에도 불구하고 목동들이 교양과 학식 면에서 자신과 대등한 사람처럼 이야기한다. 염소 목동들은 기사의 성실하고 솔직한 태도를 공손하게 존경함으로써 그의 열변에 호응한다. 그들은 기사를 즐겁게 하기 위해 노래를 잘 부르는 목동을 소개하고, 기사는 중세의 삼현악기인 리벡으로 반주를 한다. 이보다 더 적절하고 재치 있는 대응은 생각하기 어렵다. 또 다른 사례는, 지체 높은 손님을 영접하는 점잖은 성주의 역할을 연기하는 교활한 주막 주인의 경우다. 그러나 공작 부부는 높은 수준의 고귀성에 도달할 수 없다. 기사의 고상하고 진솔한 태도와 비교하면, 공작 부부는 단순한 바보라는 것을 알게 된다. 이 편력기사가 고취한 돈키호테주의는 가장 가까운 사이인 산초 판사에 의해 명확하게 발전한다. 미친 돈키호테를 끌어내리기 위해 변태적인 노력을 하는 삼손 카라스코는 말할 것도 없고, 공작 부부의 추종자들에게도 돈키호테주의가 주입된다. 그로 인해 토실로스는 주인의 명령을 어기게 되고, 돈나로드리게스는 남자에게 버림받은 딸의 명예회복을 위해 애쓰게 된다.

　그가 너무나 의존하는 주인에 대한 사랑과 자신의 현실 감각 사이에서 느끼는 갈등은 (그는 온몸의 뼈와 근육으로 느꼈던 극심한 담요 키질을 항상 회상한다.) 종자 생활 내내 계속된다. 직접 경험하지 않은 것에 회의적인 이 스페인 농부는 그 어느 것도 믿지 않지만 까막눈이기 때문에 대단히 잘 속는다. 그가 주인을 추종하고 결국 주인을 완전히 믿게 되는 것도 이러한 속성 때문이다.

　처음에 감정과 믿음이 아니라 말과 속임수로 돈키호테를 모방하려고 노력할 때는 실패하고 혼란을 자초할 뿐이다. 목마 클라빌레노의 등에 탔을 때 환상을 보았다고 거짓말을 한 것, 기사의 풍차 공격을 막으려는 노력, 둘시네아가 마법에 걸렸다고 거짓말을 한 것이 그 사례다. 그럼에도 불구하고 섬의 영주가 되리라 꿈꾸기 때문에 불멸에 대한 주인의 갈망을 공유한다.

　돈키호테의 임종 자리에서 산초가 앞으로 이루어야 할 무공이 숱하니 말도 안 되는 죽음을 박차고 나오라고 간곡히 부탁할 때, 그는 마침내 주인의 수준에 도달한다. 산초는 자기 신념의 절정에서, 마침내 정신을 차린 광인에게 '정신'을 차려 기사 편력에 다시 나서자고 간청한다. 결국 판단의 혼란에서 벗어난 산초는, 그 광인이 명확한 진리의 길을 가르쳐주었다는 사실을 깨닫는다.

주인과의 관계 속에서 그는 실용적인 사실주의자를 대표한다. 돈키호테의 왜곡된 시각을 바로잡는 데 필요한 '교정용 렌즈'가 산초인 것이다. 동일한 상황에 대한 두 사람의 각기 다른 반응은 독자에게 일종의 만화경을 제공하며, 우리는 3차원 영상용 초점을 가진 만화경 렌즈 두 개로 세르반테스의 세계를 바라보게 된다. 그는 양떼가 다가온다고 말하고, 기사는 군대가 몰려온다고 주장한다. 목동들이 싸움을 걸어오기 때문에 진실은 양자 사이의 중간쯤에 존재한다. 산초는 도로테아가 페르난도에게 입을 맞춰 품위를 떨어뜨렸다고 하고, 주인은 그녀는 태생이 고귀한 공주이므로 산초가 거짓말을 한다고 비난한다. 여기서도 두 사람 모두 옳다. 두 사람의 끊임없는 대화를 듣는 (산초는 자기 의사를 밝히지 못하면 폭발할 것이라고 말한다.) 독자는 독백 속에서 주장을 계속 뒤집는 한 사람의 말을 듣는 듯한 느낌을 갖게 된다. 어쩌면 산초는 돈키호테에게 균형과 합리성의 내부 핵을 제공하는 불멸화된 알론소 키하노일지 모른다.

그러나 두 사람의 상반된 성격으로 인한 긴장은 서로 다른 영광의 길에 의해 해소된다. 돈키호테가 무공을 꿈꾸는 데 비해, 산초는 다스릴 섬을 꿈꾼다. 그들은 아버지와 아들, 교사와 학생, 남편과 아내를 연결짓는 것과 같은 종류의 끈으로 더욱 단단하게 묶인다. 세르반테스는 이러한 의존 관계를 여러 방식으로 확장시킨다. 기사 수업의 초심자인 산초는 학생이 강사를 모방하듯 주인을 모방하면서 배운다. 협력을 위한 두 사람의 과제분업, 대화, 그리고 산초의 "내 그럴 줄 알았다"는 식의 대꾸를 통해 종자와 기사는 결합된 듯이 보인다. 돈키호테가 때때로 '나의 아들'이라고 부른 산초는 실제로 돈키호테주의의 후손이고, 심지어는 양자 관계 속에서 성숙해져 주인을 거역하기에 이른다. 양자 관계가 충족시키는 또 한 가지는 지도자가 추종자들을 거느려야 할 필요성이며, 돈키호테는 자기인식을 위해 산초에게 의존한다. 반대로 산초는 추종하는 것이 필요하다. 섬을 다스려본 산초는 자신이 돈키호테적인 이상을 따를 수 있을 뿐이지 돈키호테적 정신을 직접 발휘할 수 없다는 것을 깨닫는다.

두 사람은 관계가 완전함에도 불구하고 각기 자기 성격의 궁극적인 유형이기 때문에 보편적인 인물이다. 인간 관계를 발전시키는 방법과 경험에 대한 그들의 사려 깊은 반응도 보편적이다. 두 사람은 교육받는 과정의 이상적인 모범을 제시하고, 이러한 학습과 반응 과정은 모든 사람이 겪는 심리학적 성숙 과정의 일부다.

○ 기타 인물들

세르반테스는 산초가 처한 현실-환상 사이의 커다란 모순과 돈키호테가 지침으로 제시하는 고정된 이상들 사이에서 모든 등장인물들에게 초점을 맞춘다. 〈돈키호테〉에는 400

명 이상의 인물이 등장한다. 돈안토니오 모레나의 경우처럼 일부 인물들은 몇 마디 말로 묘사된다. 그는 "유능하고 부유한 신사이며 이웃들에 대해 편견을 갖지 않고 정직하게 얻을 수 있는 모든 오락을 즐길 만한 재산을 갖고 있다. 또 그는 재미를 위해서는 친구도 버릴 용의가 있는 사람들과는 다른 유머 감각을 지녔다." 그리고 공작 부부 같은 일부 인물들은 아무런 설명 없이 각자의 역할을 한다.

대다수 인물들은 주인공과의 관계 속에서 성장한다. 예를 들어, 신부와 이발사는 미친 기사를 치료하기 위해 열심히 애쓴 결과, 사악한 마법사가 되는 듯이 보인다. 특히 그들이 소달구지에 주인공을 실어 데려오기 위해 마법사로 분장했을 때는 기사가 큰 봉변을 당하게 된다. 건방지고 미숙한 대학생 삼손 카라스코는 기사와 자신에 대한 이해가 너무나 부족해서 고작 사이비 돈키호테가 될 뿐이다. 녹색 옷을 입은 돈디에고 데 미란다는 제정신일 때 무미건조한 알론소 키하노와 성격이 비슷하다. 전통에 철저히 얽매이고 사냥에도 미온적인 ("나는 매나 사냥개들을 키우지 않고 오로지 자고와 대담한 흰족제비 한두 마리를 길들일 뿐이다.") 돈디에고는 시적 재능을 가진 아들이 하나 있는데, 그 아들이 좀더 실용적인 공부를 하지 않기 때문에 실망한다. 소설 속에서 만나게 되는 여러 부류의 염소 목동들은 반쯤 제정신인 숲의 기사에게 음식을 나눠주고, 기사와 종자를 동정적이고 예의바르게 대한다. 마르셀라의 상심한 연인 크리소스토모는 애인의 호의를 간절히 바라다가 죽음에 이르는 반면, 역시 사랑에 실패한 돈키호테는 좌절을 승화시켜 불멸의 공적을 이루는 영감을 얻는다. 간략히 묘사되지만 기억에 남는 히네스 데 파사몬테는 전형적인 스페인 악당에 대한 완벽한 연구 결과다. 기지로 살아가는 그는 여러 인물로 변장하며 먹고 살기 위해 다양한 사기행각을 벌인다.

대다수 여자 등장인물들은 깊이가 얕다. 지능과 기지가 돋보이는 도로테아가 아마도 가장 뛰어난 개성을 갖고 있는 듯하다. 식기실 하녀 마리토르네스도 눈에 띈다. 외모가 혐오스럽지만 친절한 그녀는 노새 마부들에게 대가 없이 몸을 허락한다. 산초가 담요 키질을 당한 뒤에는 자기 돈으로 산 포도주 한 잔을 건네며 위로한다. 산초의 완벽한 배우자 테레사 판사는 농촌 여인의 뛰어난 진면목을 지니고 있다. 남편이 영주가 되었다는 증거를 보자마자 모든 의심을 버리는데 이런 성향은 남편과 같다. 완전히 돈키호테화할 수는 없지만 보이는 것을 기꺼이 믿으며 남을 조롱하지 않는다. 공작 부인의 저택에서 시녀 우두머리 노릇을 하는 짓궂은 알티시도라는 돈키호테를 열렬히 사랑하는 체한다. 죽는 연극을 한 뒤에도 성공을 거두지 못한 그녀는 경멸당한 여자들과 마찬가지로 앙심을 품는다. 혹자는 그녀가 미친 돈키호테를 존경하게 되는 까닭이 둘시네아에 대한 변함없는 정절 때문이라고 생각할 것이다. 아니면, 기사의 의지를 정복하겠다는 집념에서 고귀한 기사를 자기 수준에 맞춰 낮추기 위해 그와의 잠자리도 마다하지 않을 것이라고 추측하는 독자도 있을지 모른다.

돈키호테는 자기 생명보다 더 소중하게 생각하는 이상을 의인화하기 위해 둘시네아 델 토보소를 창조했지만 그녀는 단순한 상징에 머물고 만다. 그녀는 돈키호테의 불멸성과 완벽에 관한 생각, 그리고 사랑과 용기와 신념에 대한 모든 영감의 원천을 상징한다. 알돈사 로렌소와 결혼해서 자식을 낳고 싶은 세속적 욕망을 품었던 돈키호테는 둘시네아에게 봉사할 수 있는 합당한 자격을 얻기 위해 위대한 공적을 이루고, 편력 기사로서의 완벽한 행동을 통해 불멸의 명성을 얻음으로써 그 환상을 승화시킨다.

세르반테스가 만들어낸 인물 범주의 목록은 무한하다. 그러나 그 인물 하나하나는 비통한 기사의 인물상과 나란히 놓여 각종 이념과 이상이 인간 의식에 확실하게 영향을 미치는 현실 세계의 일부를 반영한다.

마무리
노트

〈돈키호테〉의 집필 목적

세르반테스는 독자들의 즐거움을 위해 명랑하고 독창적이며 때로는 사려 깊은 읽을거리를 제공하는 한편, '허황되고 공허한 기사 이야기'의 영향력을 파괴하기 위해 돈키호테를 집필했다고 말한다. 작가가 이러한 표면상의 목적을 실제로 따랐는지 여부는 중요하지 않다. 그러나 실제로 기사 이야기를 다룬 낭만소설의 출판은 그 이후 완전히 중단되었다. 이러한 허황된 소설들의 해악에도 불구하고 기사 소설의 집필 형식은 보다 사실적인 문학 형태보다 한 가지 유리한 점이 있다고 세르반테스는 제1편 후반부에 적고 있다. 왜냐하면 기사담은 '펜이 어떤 장애도 만나지 않고 달릴 수 있는 넓은 초원을 제공하기' 때문이다. 어쩌면 돈키호테는 작가의 이런 관념 덕분에 태어났는지도 모른다. 세르반테스는 이상주의적이고 제정신이 아닌 주인공에게 대중의 경멸을 받는 편력기사 노릇을 시킴으로써 다층적이고 만화경적인 주제의 갖가지 가능성을 소설 초기부터 분명히 드러냈다.

기법과 양식

작가와 등장인물들의 관계

모든 작가는 나름대로 등장인물과 사건을 만들고 구성

하는 '관점'을 갖고 있다. 일부 소설은 여러 사회악을 주관적으로 폭로하기 위해 일인칭 화법으로 집필된다. 그러나 줄거리 전개과정의 모든 시점에서 각 등장인물의 내면을 들여다보고 과거와 미래를 이야기할 수 있는 전지자의 입장에 서서 글을 쓰는 작가는 위와는 다른 형식을 취하기도 한다. 찰스 디킨스가 대표적인 사례다.

반면, 세르반테스는 '역사' 집필 방식을 선택함으로써 일정한 제약과 이점을 안고 글을 쓴다. 행위의 각 부분에서 일어나는 모든 사실을 명확하게 신문 보도 형식으로 전달해야 하는 그는 등장인물들의 행동 묘사만으로 성격적 특징을 만들어낸다. 그는 역사가로서 독자들에게 어떤 견해도 강요해서는 안 되지만, 모든 등장인물에 관한 설명과 행동 묘사를 가급적 많이 해서 독자들 스스로 결론 내리게 해야 한다. 이러한 이상적인 객관성을 높이기 위해 만들어낸 인물이 탁월한 역사가 시데 아메테 베넹헬리이다. 그 까닭은 오로지 무어인만이 스페인 사람들의 공적을 과소평가하려 들 것이기 때문이다. 그 기법은 돈키호테의 생활에서 벌어지는 모든 구체적 부분의 개연성도 보장해 준다.

그러나 라만차의 기사 이야기를 읽어나가다 보면, 시데 아메테라는 인물을 등장시킨 또 다른 이유가 있는 것이 아닌가 하는 의문이 생긴다. 아마도 세르반테스는 돈키호테가 이야기 속 존재에서 빨리 벗어나 낭만적 기사 이야기를 다룬 풍자소설 이상으로 성장해 바이런이 규정한 것처럼 '스페인의 기사도를 미소로 쫓아내기 위해' 창조된 인물이 될 것으로 생각했을 수도 있다. 제페토가 잠든 사이에 피노키오가 생명을 얻어 살아난 것처럼 돈키호테는 작가의 펜에서 벗어나 독자적인 생명력을 갖고 사는 듯이 보인다. 뿐만 아니라 이 기사가 세계 문학에서 영생을 누림에 따라 단 한 사람의 작가가 돈키호테의 유기적 성장에 제약을 가할 수 없다는 것이 오늘날 더욱 분명해진다.

산초 판사 역시 자립성을 갖고 있다. 첫 출정 때 주막까지 갔다가 갈아입을 옷과 약간의 돈, 그리고 종자를 구하기 위해 돌아온 돈키호테는 천성이 정직하고 착한 이웃 '농부에게' 종자가 될 것을 권유한다. 그러나 실상은 그 이웃사람의 지갑과 머리가 비어 있기 때문이다. 무식하고 우유부단하고 돈을 밝히는 종자에서 마침내 지혜롭고 돈키호테적인 인물로 성장해 문학 역사상 가장 흥미진진한 인물에 속하게 된 산초가 이처럼 소박하게 소개된 것을 볼 때, 세르반테스가 산초의 풍부한 가능성을 처음에는 알아차리지 못했던 것으로 짐작할 수 있다.

결국 〈돈키호테〉는 작가가 등장인물들과 함께 배우고 성장하는 흥미로운 측면을 보여준다. 그는 등장인물들을 사랑하고 함께 생활하면서 그들과 더불어 인간을 이해하는 데 필요한 기본요소들을 탐구하고 있다. 등장인물들의 성격과 행동의 일관성 유지, 그리고 객관적 창조자란 관념은 세르반테스에서부터 시작되었다. 그가 보여주는 예술가-창작품의 유기적 관계는 셰익스피어에게서 발견되는 것처럼 복잡하고 조형적이며, 현대 소설 예술의 미학에서 하나의 조건이 되었다.

작가와 독자의 관계

등장인물-예술가 관계를 추적하다 보면, 중요하지만 종종 주목받지 못하는 작가-독자 관계가 남게 된다. 세르반테스의 등장인물들이 이 소설을 직접 써나가는 것처럼 보이듯 독자 또한 스스로 '집필'하는 측면을 갖고 있다.

창작된 일화가 소개된 다음에 생각을 강요받게 되는 독자는 세르반테스가 각 사건의 전모를 이야기하지 않는다고 의심하기 때문에 간혹 이 작품이 난해하다며 좌절한다. 독자가 느끼는 의문은 이렇다. 주인공은 왜 더 빨리 환상을 깨뜨리지 않는가, 갈수록 많은 곤경에 직면하면서도 산초가 주인과 함께 지내기를 고집하는 이유는 무엇인가, 지극히 굴욕적인 여러 상황에서도 근근이 품위를 유지하는 우스꽝스러운 기사에게 독자가 동정심을 갖게 되는 이유는 무엇인가 등이다. 그러면서 산초와 돈키호테처럼 독자도 멍들고 지친 기사가 매번 다시 일어나 로시난테를 타고 편력기사의 길을 계속 가는 과정에서 일관된 의미를 재고해 보지 않을 수 없게 되고, 돈키호테와 산초가 자기인식을 확대해 나가는 것과 마찬가지로 독자 역시 노력하고 성숙하도록 만드는 것이 이 난해한 작품의 마지막 유기적 특성이란 결론에 서서히 도달하게 된다.

이것은 인생 경험을 객관화하는 세르반테스 예술의 연장이다. 작가는 '의붓자식들'과 거리를 두어 그들로 하여금 자신의 행적을, 각자의 방식으로 만나는 독자에게 감명을 주도록 만든다. 인물들에게 일정한 관점을 제공하는 작가의 소설적 사실주의는 실제 인물을 소개하듯 등장인물들을 소개해 독자들이 그들을 이해하고 동정하고 부정하도록 만든다. 이처럼 모든 등장인물을 창조된 각자의 세계 속에 자유로이 풀어놓고는 암암리에 동의나 거부의 발언으로 유도하지 않는 탁월한 작가 세르반테스는 독자 역시 자유롭게 풀어준다. 이 같은 특성이 〈돈키호테〉를 세계에서 가장 수명이 길고 난해한 책 가운데 하나로 만드는 것은 물론, 세르반테스를 유럽 문학이 탄생시킨 가장 완벽한 소설가의 한 사람으로 우뚝 서게 한다.

소설의 역동성

세르반테스가 지닌 풍부한 작품성과 중요성은 등장인물의 유형이 아주 많다거나 다양한 창의력, 또는 그의 소재를 토대로 판단할 수 있는 철학적 결론에 기인하는 것이 아니다. 그것은 거대한 규모의 이야기 각 부분에 생동감을 주어 매혹적으로 만들고 역동성을 부여하는 생명력의 발산에 기인한다. 뭐라고 특징짓기 힘든 〈돈키호테〉의 이런 본질적 특성은 대략 유기적 구성이라고 부를 수 있다. 역동적인 힘은 모든 일화에 생명을 불어넣고, 심지어 여윈 말과 살찐 나귀에게조차 기억에 남을 개성을 부여한다.

본질적으로 〈돈키호테〉는 경험의 모든 영향을 받아들이는 것이 존재의 실체임을 우리에게 보여준다. 구체적 인식이란 매개를 통해 변형되는 경험의 영향은 등장인물의 일부로 합성된다. 무미건조하게 살던 알론소 키하노는 기사도 책이 고취한 상상의 영향을 받고 라만차의 기사로 변모한다. 마르셀라는 전원생활 이야기를 읽고 영향을 받아 목동이 된다. 경쟁자의 광기를 완전히 제압하려는 시도가 삼손 카라스코의 행동에 촉진제가 된다. 이처럼 등장인물들은 기본적으로 외부로부터 받은 갖가지 영향을 내면화해서 인생을 변화시켰다. 돈키호테와 산초는 끊임없는 대화를 통해 여행하면서 맞닥뜨리는 새로운 경험의 충격을 모두 받아들여 변화하고 발전한다.

생명력의 발산은 모든 등장인물이 경험에 직면할 때마다 볼 수 있다. 흐르는 시냇물에 발을 담그고 있는 도로테아는 일종의 전원화(田園畫)에서 나온 인물이다. 그녀는 페르난도가 자신의 정상적인 전원생활을 혼란에 빠뜨린 경위를 설명하면서 곧바로 머리를 일깨워 우리 눈앞에서 살과 피를 갖게 되고, 지리 같은 것은 여전히 몰라도 미코미코나 공주의 역할을 정확히 해낸다. 녹색 옷을 입은 신사 돈디에고 데 미란다, 공작의 성에 주재하는 사제, 주인공의 질녀 안토니아 키하나 같은 사람들은 외부의 각종 영향에 단련되어 끝내 변화하지 않는다.

희극적인 특성만을 고려해서 선택한 것이 아닌 각종 일화들은 돈키호테와 산초, 그리고 다른 등장인물들의 모든 성격적 영역을 자극하는 시험의 장을 제공한다. 그리하여 우리는 글자 그대로 '시험'을 받은 정숙한 아내 카미야가 완벽한 간부(姦婦)가 되어 곧 다시 등장하는 모습을 보게 된다. 반면, 산초는 충성심을 시험받을 때마다 성실한 자세를 계속 유지한다. 예를 들면, 공작의 성에서 사제의 비난에 맞서 주인을 옹호할 때, 돈키호테가 종자직에서 해고한 직후, 불만스러울 때마다 느끼는 그만두고 싶은 욕구 등. 돈키호테가 공작 부부와 함께 겪은 모든 모험은 편력기사로서 소중히 간직하고 있는 가치관의 시험장이 된다. 최종 시험은 삼손의 창이 목을 겨눈 가운데 돈키호테가 둘시네아에 대한 신념을 포기하느니 죽는 편을 선택할 때다.

다시 말해, 세르반테스는 잠재적인 각종 가능성을 드러내기 위해 사건을 만든다. 날씨조차 이런 목적에 이용된다. 비가 내리면 떠돌이 이발사가 새로 산 모자를 가리기 위해 세숫대야를 뒤집어쓸 수 있는 여건이 조성되면서 맘브리노의 투구 모험이 벌어진다. 시에라 모레나의 바위투성이 황무지의 생생한 풍경은, 돈키호테의 참회, 카르데니오와 신부와 이발사의 만남, 도로테아의 이야기 등, 그곳에서 일어나는 여러 사건을 서로 격리시키고, 경찰 부대로부터 안전한 피신처를 마련하는데 목적이 있다. 햇볕이 뜨거운 7월의 오전은, 미친 사람이나 그토록 더운 날씨에 편력기사 노릇을 시작한다는 것을 보여준다. 도로에 피어오르는 먼지는 다가오는 두 무리의 양떼를 잘 보이지 않게 만든다. 로시난테가 암말들에게 접근하는 푸른 초원은 양구아스 마부들과 벌이는 모험의 빌미를 제공한다.

소설 각 부분의 실용적인 역동성은 교향악의 여러 주제처럼 일화들이 서로 뒤얽히면서 더욱 유기적으로 변한다. 몇 가지로 변형되는 이런 주제들은 반복적으로 제시된다. 예를 들어, 산초는 기회 있을 때마다 담요 키질을 당한 것에 대해 원망을 늘어놓는다. 돈키호테는 둘시네아의 마법을 풀지 못한 것을 놓고 죽을 때까지 괴로워한다. 알티시도라는 기사를 향한 연애 놀음을 결코 포기하지 않는다. 알론소 키하노는 돈키호테의 광적인 기사 편력의 그림자 속에 항상 존재한다. 산초는 간절히 원했던 섬을 보상으로 받게 되는데, 이는 나귀가 얻은 당근과도 같다. 돈키호테와 만나기 위해 토실로스와 안드레스가 재등장하고, 히네스 데 파사몬테는 세 번 되돌아온다. 전원생활의 이상이란 주제는 여러 가지 변화된 모습으로 소설 속을 누빈다. 마르셀라와 새로운 이상향인 아르카디아 사람들, 그리고 돈키호테의 두 번째 환상이 그 변형이다. 모든 사건은 충격을 가하고, 등장인물들은 다시 등장하며, 사건들은 반드시 되풀이된다.

세르반테스 소설이 지니는 역동성의 또 다른 원천은 묘사 방식이다. 그는 형상들을 간략하지만 기품 있게 점강적(漸降的)으로 묘사하는 것 같다. 좋은 음식에 굶주린 산초가 주인과 함께 염소 목동들의 오두막에서 묵게 된다. "산초는 먹음직스러운 냄새가 나는 곳으로 간다. 불 위에 얹은 냄비 안에서 고기가 익고 있다… 고기를 불에서 꺼낸 목동들은 땅 위에 염소 가죽을 몇 장 펴고 즉석에서 소박한 잔치를 벌일 준비를 끝낸다. 그들은 주인과 산초에게 음식을 함께 먹자고 초대한다." 마르셀라는 이렇게 소개된다. "바위 꼭대기에 나타난 사람은 마르셀라였다. 바위 아래서는 사람들이 무덤을 파고 있다. 그녀는 너무나 아름다워 명성이 매력을 돋보이게 하는 것이 아니라 오히려 낮추는 듯이 보인다. 그녀를 본 적이 없는 사람들은 놀라움과 기쁨으로 말을 잃은 채 뚫어지게 바라보았다. 아니, 그녀를 매일 보는 사람들조차도 나머지 일행 못지않게 존경심을 느끼는 듯이 보였다." 풍차와 벌인 불멸의 결투는 불과 40 내지 50행밖에 되지 않는다. "저놈들은 거인이다. 나는 저놈들과 불공평한 끔찍스러운 일전을 벌일 테다." 기사는 그것이 풍차일 뿐 거인이 아니라는 종자의 충고를 무시하고 로시난테에게 박차를 가한다. 그때 마침 바람이 불어 거대한 풍차 날개들이 돌기 시작하고… 방패로 몸을 단단히 가리고 창을 아래로 움켜쥔 기사는 자기 앞에 있는 첫 번째 풍차를 향해 돌격하면서 창으로 날개를 찌른다. 세찬 바람을 맞고 빨리 돌아가는 날개에 기사의 창은 여러 토막으로 부러지고, 말과 기사도 휩쓸려들어 높이 떠올랐다가 들판에 나뒹군다.

이 책의 전반적인 성공 원인은 등장인물들의 생명력과 유기적인 발전에 있다. 생생한 묘사는 단지 산문 양식에 그치지 않고 등장인물들의 역동적인 모습을 몸으로 보여준다. 세르반테스가 배경을 구체적으로 설명하는 경우는 드문데, 일화의 전개에 필수적인 경우에만 기억에 남도록 간단하지만 선명하게 묘사된다. 따라서 세르반테스는 능동적인 성격의 모든 측면을 찾아내서 생명을 불어넣고 발전시키기 위해 그 밖의 문학적 장식을 억제하는 기법을 통해 작품에 변화무쌍한 속성을 부여한 일화, 배경, 대화, 성격 묘사의 강력한 통일성을 이루었다. 처음에 작가가 거대한 어둠을 만들어낸 사실을 고려한다면, 마치 사건, 대화, 묘사, 배경의 형태를 띤 빛줄기를 그 표면에 비춰 마침내 인간으로서의 존재가 전체 모습을 드러내도록 하는 것 같다.

주제

● 돈키호테주의

돈키호테주의는 환상에 입각한 모든 행동의 특징을 이루는 보편적 자질이다. 모든 개혁이나 반역은 변화를 위해 기존 체제를 파괴하는 것이 목적이므로 항상 돈키호테적이다.

흔히 조롱의 대상이 되거나 빈번히 살해당하는 돈키호테적인 개인은 역사적으로 수많은 위업을 달성했으나, 반대로, 돈키호테가 불쌍한 농부의 머슴 안드레스의 고통에 책임이 있다는 것을 보여주듯, 수많은 악행을 저지르기도 했다. 무기력한 대중을 움직여 출세하려고 했던 세상의 걸출한 광인의 대다수는 역사에서 고립되었다. 예수회파의 창설자인 이그나티우스 데 로욜라는 돈키호테의 사명과 같은 광기와 환상으로 점철된 경력을 거쳤다. 성녀 테레사, 잔 다르크, 마틴 루터, 모세, 그리고 누구보다도 나사렛 예수는 돈키호테적 환상에 정복당해 고통스러운 삶을 살았다. 기존의 여러 세력과 풍속에 대한 신뢰 등, 다수파의 생각을 강요받는 불리한 여건에 맞서야 하는 돈키호테적 영웅들은 신념과 의지력의 고결함을 무기로 삼았다.

'진리' 혹은 '정의'를 추구하는 진정한 돈키호테적 영웅들은 대단히 강해서 겉모습의 허상을 꿰뚫어보는 내면의 통찰력을 갖고 있다. 예를 들어, 돈키호테는 모두가 무해한 풍차들이라고 당연시하는 도처에 널린 제도에 도전한다. 그러나 그 풍차들은 위협적인 거인, 개인을 파괴하는 냉혹한 기계일 수도 있지 않은가. 우스꽝스러운 요구를 하는 듯이 보이는 소수의 여자들이 일반 참정권을 얻기 위해 기성 정치 체제를 공격한 것도 이 상황과 아주 유사하다.

돈키호테가 공손하고 친절한 두 매춘부의 모습에서 귀부인을 볼 때 돈키호테적 환상의 투명성은 더욱 확대된다. 기사가 옷 벗는 것을 돕고 식사 시중을 드는 매춘부들의 행동에서 독자는 돈키호테의 의지력이 매춘부들의 외적인 신분을 이상적인 모습에 맞도록 변형시켰다는 결론을 내릴 수 있을 것이다. 누군가에게 열등한 행동을 기대하면 그 사람은 그대로 행동한다. 그 반대 또한 진실이다.

그렇다면 돈키호테주의는 물질적 속성에 반항하는 의지력이고, 실현 불가능한 환상을 현실로 만들려는 시도다. 그러나 절대적 가치가 살아남을 수 없는 현실 세계에서는 그런 시도가 용납되지 않는다. 돈키호테는 간혹 환멸에 승리를 거두지만 결국 환멸에 직면하고 죽게 된다.

인품이 온화한 기사는 공적을 통한 불멸을 갈망했지만 자신의 생활 원칙을 불멸로 만든 삶의 이야기만을 남겨놓았다. 돈키호테다운 상상력과 의지력을 타고나지 않은 누대(累代)의 독자들은 용감한 라만차 기사의 전기를 읽으면 산초 판사처럼 기사의 환상과 광신을 얼마만큼 지닐 수 있다. 일단 돈키호테에 관한 책이 출현하기만 하면 돈키호테화하는 영광스러운 능력은 모든 인류가 즐기고 이해하는 공동 유산이 되기 때문이다.

세르반테스는 돈키호테적인 인물을 표현하고 개발하는 과정에서 인간의 영혼을 찬양하고 표현하는 또 다른 길을 찾아내고 규명했다. 따라서 〈돈키호테〉가 희극적인 기사 이야기냐, 아니면 주인공이 미친 사람이냐 배우이냐는 문제되지 않

는다. 그가 우리의 상상 속에서 벗어나 깊이 각인되어 우리를
위해 인간 정신의 새로운 자질을 찾아내도록 하는 것이 중요
하다.

● 진실과 정의

세르반테스는 돈키호테주의란 관념과 본질적으로 연관
된 사실과 환상, 진실과 허위, 정의와 불의에 관한 복잡한 문
제를 탐구한다. 초월자의 입장에서 역동적인 인물을 창조한
세르반테스는 그 문제를 상대적으로 고려하는데, 전체적인 가
설은 다음과 같이 말할 수 있다. 광인이 지극히 명료하게 진실
을 보고, 그의 조수가 부분적인 진실과 허상을 본다면, 일상적
인 경험과 가장 밀착되어 있는 개인들은 왜곡을 가장 많이 볼
뿐이다.

갤리선의 경비병들과 종교 경찰관들은 사회의 법률집
에 명시된 정의(正義)만 볼 수 있다. 당연히, 돈키호테는 그
런 제약을 비웃고 편력기사들은 그런 불완전한 원칙에 구속
받지 않는다고 선언한다. 기사가 해방시킨 히네스 데 파사몬
테와 동료 죄수들도 강요된 사회 정의에 대해 마찬가지 허상
을 갖고 있다. 이러한 연유로 그들은 따라야 할 새 법을 건네
주는 해방자에게 돌을 던지려고 한다. (돈키호테의 말을 들어
보자. "나의 뜻과 바람은 이렇다. 당신들은… 귀부인 둘시네아
델 토보소를 찾아가… 당신들이 갈망하던 자유를 얻어준 이

유명한 모험의 전말을 들려주는 것이다…”) 그들은 구원자의 뜻을 폭력적으로 거부함으로써 자신들의 자유를 한껏 표명한다. 주인이 급료를 주지 않으려고 핑계만 찾는다는 안드레스와 양떼 관리를 소홀히 했다는 주인 가운데 한 사람은 분명히 거짓말을 하고 있다. 그러나 돈키호테가 충격을 받은 거짓말은, 승자가 패자를 때리기 위해서는 패자에게 핑계를 대야 한다는 거짓말이다. 물리적으로 우세한 자와 약자 사이의 분쟁에서 정의 문제는 웃음거리밖에 되지 않는다. 정의 — 옳든 그르든 — 가 농부의 세찬 채찍질에 의해 집행되면서 분쟁은 종결된다. 결과적으로 힘이 곧 정의가 된 것이다.

세르반테스는 보다 추상적인 차원에서 진실과 정의의 성격을 더욱 깊이 규명하기 위해 몇 가지 지엽적인 일화를 소개한다. 산초가 지사 직무를 수행하면서 해결한 희화적인 문제들 — 다리를 건너는 남자, 강간당했다는 여자, 재단사와 농부의 분쟁 — 과 관련된 판결은 모두 진실과 정의 규명의 응용 사례에 속한다.

진실과 정의의 상대성에 관해 세르반테스가 보여준 또 다른 배려의 사례는 주막 하녀 마리토르네스의 난잡한 남자관계에 대해 윤리적 판단을 내리지 않은 점이다. 육체적 매력이 없는 그녀는 마음이 가는 대로 애인을 받아들인다. 그녀의 충동을 고려할 때, 욕정에 굶주린 지친 노새 마부들에게 그녀가 제공하는 위안은 미덕과 자선의 정수다.

● 사실과 환상

〈돈키호테〉 전반에 걸친 '사실-환상' 탐구에 관한 토의는 여러 권의 책을 채울 만큼 많이 이루어졌으나 일부 견해만 알아보기로 하자. 주인공은 환상의 힘으로 현실을 변화시키는 능력을 갖고 있다. 광인에게는, 의문을 제기하기 위해 저자세를 취할 필요가 없는 연속적인 양면이 현실과 환상이다. 두 가지 특질의 차이를 이해하기 위한 노력 때문에 고통받는 산초는 그렇지 않다. 히네스 데 파사몬테 같은 완전한 냉소주의자는 탁월한 현실주의자이고, 타인들이 혼동하는 환상-사실을 이용할 수 있다. 실제로 그것을 이용해 밥벌이를 하기도 한다. 히네스의 인형극은 사실-환상 문제의 또 다른 면을 드러내는 암시적인 장치다. 불안정한 상상력이 신속하게 발동하는 돈키호테는 인형극을 현실로 착각하고 극중의 싸움판에 끼어들지만 자신의 실수를 선선히 인정하고 부서진 인형 값을 보상한다. 기사는 이상적인 관객의 모습을 확장시킨 것에 불과하다. 연극의 즐거움은 이처럼 환상을 사실처럼 보이게 만드는 특성에 있기 때문이다. 관객은 연극이란 사실을 인식하면 즉각 환상의 세계에 몰입했다가 연극이 끝나는 순간 쉽게 물러난다. 그러나 연극이란 사실을 깨닫지 못하고 심각하게 받아들이면 어려움이 생긴다. 꼭두각시놀음을 하는 지도자들의 선전을 국민 전체가 무비판적으로 받아들이는 경우가 그렇다. 소설 전반에서 돈키호테는 종종 인형이 된다. 바로, 공작 부부와 돈안토니오 데 모레나 같은 사람들이 돈키호테가 춤을 추도록 끈을 잡아당기듯 조종하는 경우다. 이러한 인형극 연출자들은, 인형극을 업으로 삼는 히네스 데 파사몬테처럼 극에 대해 통제력을 발휘하지 못하고, 그들 자신이 종종 독자-관객의 즐거움을 위해 설정된 보다 큰 익살극의 일부가 된다. 돈키호테에게 구애하는 시늉을 하다가 진짜로 감정이 상해 그의 절개에 앙심을 품게 되는 알티시도라는 통제력을 상실한 인형극 연출자의 사례다. 그녀는 기사를 우스운 인물로 생각하면서도 기사처럼 변함없는 연인의 사랑을 얻기 위해 환상 속에서 연기를 했을지 모른다.

미코미코나 공주 역을 하는 도로테아는, 배우가 연기의 진실을 인식하지 못한 사례다. 돈키호테의 불멸성을 찬탈하려고 시도하는 삼손 카라스코도 유사한 예가 된다. 꼭두각시 지사 산초는 진지한 행동으로 그를 조롱하는 사람들이 조롱당하도록 만든다. 다른 많은 사건들은 "사물은 보이는 그대로가 아니다"란 말을 예증하는 사례로 인용될 수 있다.

연속적인 환상-사실의 구성을 완료하기 위해 세르반테스는 몬테시노스 동굴의 모험에서처럼 각종 꿈의 진실을 탐구한다. 임종을 맞은 주인공이 식구들 앞에서 미친 편력기사 생활을 포기한다며, 더 이상 라만차의 돈키호테가 아니라 착한 인간 알론소 키하노라고 말할 때가 아마도 가장 적합한 사례일 것이다. 정신 상태가 극히 온전한 이 순간에 주인공은 자신의 과거 행동이 모두 잊혀지기 바란다는 소원을 말한다. 삶에 너무나 충실한 나머지 정직과 만족으로 충만한 새로운 황금시대를 열기 위한 시도로 인류의 가능성을 이상화했던 돈키호테가 이제 돈키호테주의의 역설적 무용성을 주장하고 환상과 사실이 연속성의 여러 측면들이라고 강조한다. 그는 인생은 꿈이고, 죽음은 현실적 순간이란 것을 마지막으로 확인함으로써 과거의 광기를 부정한다. 산초가 물려받은 유산은 축적된 돈키호테주의의 정신이며, 산초로 하여금 각종 이상의 진실을 깨닫게 할 뿐만 아니라 직접 편력기사가 되거나 혹은 자녀들에게 상상력이 풍부한 정신을 고취시키는 능력을 갖게 한다.

●소 주제

세르반테스는 〈돈키호테〉에서 몇 가지 이념을 제시한다. 이런 이념들의 중요성은 부차적이지만 적어도 언급할 가치는 있다.

낭만적인 사랑이 소설 속에 종종 등장한다. 공통적인 특징이라면 부모의 반대나 신분의 차이에도 불구하고 사랑이 이루어진다는 점이다. 세르반테스는 '중매결혼'을 분명히 싫어했으며, 사랑하는 남녀가 가족의 축복 속에서 올리는 결혼을 이상적으로 보았다.

스페인에 거주하는 무어인들에 대한 동정은 작가가 즐겨 다룬 또 다른 주제다. 알제의 감옥생활을 경험한 세르반테스는, 스페인에 종종 적대적이고 동화되지 않은 하부 문화의 구성원으로 살았던 무어인들을 잘 이해했다. 추방이 온당한 것으로 여겨진 무어인 가운데는 스페인의 문화생활과 정통 가톨릭교회에 기여했던 사람들도 다수 포함되었다. 스페인의 하층 문화에 대한 작가의 지식도 눈에 띈다. 단편소설 "린코네트와 코르타딜로 Rinconete and Cortadillo"에서 작가는 바르셀로나를 지배한 도둑들 정부에 관해 더욱 상세한 지식을 보여준다. 그러나 〈돈키호테〉에서는 히네스 데 파사몬테에 관한 단편적인 설명과 로케 귀나르트의 무법자 집단 묘사에 국한하고 있다. 쇠사슬에 묶인 죄수들은 불량배들과 집시들이 사용하는 저속한 은어로 이야기한다.

세르반테스는 산초의 지방정부 통치 이야기에서 암시하듯, 민중이 안고 있는 문제들을 알고 이해하는 대중 지도자가 귀족 출신보다 더 유능한 영주가 될 수 있다는 과감한 이론을 법과 정의란 주제의 일부로 제시한다. 산초는 섬 주민들로부터 사랑과 존경을 받게 되고, 주민들은 그에게 계속 머물러 달라고 간청한다. 그러면서 세르반테스는 '위대한 영주 산초 판사의 헌법'이라고 불리는 법령이 오늘날에도 반포되고 있다고 덧붙인다.

작가는 문학의 미적인 기준에 관한 견해도 밝히는데, 예술의 주된 소임을 '자연의 모방과 진실에 접근하는 것'이라고 믿는다.(제1편) 사람들은 다섯 가지 감각을 통해서 보는 것이나 '사실'인 것을 이해하기 때문에 예술가는 독자의 신뢰를 왜곡하지 않으면서 불가능한 것을 가능한 듯이 보이게 만들어야 한다. 이러한 미적 지향에서 출발한 세르반테스는 돈키호테의 매개수단인 환상과 사실의 유쾌한 융합을 이루어내고 있다.

세르반테스는 시의 위상에 관한 의견을 밝히고, 유명한 동시대 문인 로페 데 베가의 과장된 연극을 비판하며, 기사도 책들의 폐해도 지적한다. 그리고 번역서들의 결함에 관해 의견을 밝히고, 서적상들과 출판업자들의 비리를 비판함으로써 문학 비평에도 열정을 보인다. 직업의식이 투철한 세르반테스의 이 같은 견해 표명은 가급적 문단에 대한 감시를 게을리 하지 않는 직업인의 자세라고 할 수 있다.

다음 질문에 간단히 서술하시오.

1. 시데 하메데 베넹헬리는 어떤 역할을 위해 창조되었는가?(마무리 노트 '기법과 양식', 서문과 제2편 풀어보기 참조)

2. 돈키호테가 참회하고 정신을 차린 이유는 무엇인가?(제1편 풀어 보기 참조)

3. 산초가 스스로 한 채찍질의 의미는 무엇인가?(제2편의 풀어 보기 참조)

4. 둘시네아 델 토보소의 의미는 무엇인가? (인물분석 노트, 제1편 풀어 보기 참조)

5. 삽입된 소설 "무모한 호기심"과 본문 사이의 관계는 무엇인가?(제1편 풀어 보기, 마무리 노트 '기법과 양식' 참조)

6. 세르반테스는 문학에서 무엇을 가장 중요한 속성으로 보는가?(마무리 노트 '소 주제', 서문, 제1편 풀어 보기 참조)

7. 세르반테스가 사용하는 희극 유형에 관해 논하라.(작품을 읽은 후에 논할 것)

8. 돈키호테주의의 성격을 논하라.

9. 산초가 돈키호테 모방에 실패한 사례들을 열거하라.(인물분석 노트, 제1편 풀어 보기 참조)

10. 산초는 어떤 과정을 거쳐 돈키호테화하는가?(인물분석 노트, 제2편 풀어 보기 참조)

11. 산초의 탐욕 대 이상이란 측면 혹은 독자가 선택한 한 쌍의 반대되는 발언이란 측면에서 산초가 처한 가장 큰 진퇴양난을 논하라.(인물분석 노트, 제1편 풀어 보기 참조)

12. 돈키호테는 왜 사자와 싸우는가?(제2편 풀어 보기 참조)

13. 독자는 제1편과 제2편 가운데서 어느 쪽을 좋아하며, 그 이유는 무엇인가?(작품을 읽은 후 논할 것)

14. 도로테아는 미코미코나 공주 역할과 어떻게 연관되는가?(제1편 풀어 보기 참조)

15. 돈디에고 데 미란다, 안토니아 키하나, 공작의 성에서 주인공을 질책하는 사제와 같은 등장인물들의 역할은 무엇인가?(인물분석 노트 '기타 등장인물들' 참조)

16. 돈키호테의 일부로 남아 있는 알론소 키하노의 특성들을 설명하라.(인물분석 노트, 제1편과 제2편 풀어 보기 참조)

17. 이발사가 세비야의 미친 사람 이야기를 하는 까닭은 무엇인가? 이 일화는 이발사에 관해 무엇을 보여주는가? 돈키호테에 관해서는 무엇을 보여주는가? (제2편 풀어 보기 참조)

18. 돈키호테, 카르데니오, 마르셀라, 새 아르카디아 사람들, 신부와 이발사, 주막 주인과 같은 등장인물들의 인생에서 독서의 중요성을 논하라.(제1편과 제2편 풀어 보기 참조)

19. 삼손 카라스코가 '사이비 돈키호테'란 것을 나타내거나 부인하는 성격에 관해 논하라.(인물분석 노트, 제1편과 제2편 풀어 보기 참조)

20. 돈키호테가 참회 모험과 성직자 학대에서 보여준 종교적 이념에 대한 자유사상이 비평가들에 의해 지적된다. 독자는 세르반테스의 종교적 정통성을 나타내는 사례를 제시하여 이런 관념을 반박할 수 있는가?(제1편 풀어 보기 참조)

21. 세르반테스의 제1편과 제2편을 다루는 방법상의 차이점들을 논하라.(작품을 읽은 후 논할 것. 제1편과 제2편 풀어 보기 참조)

22. 〈돈키호테〉에서 동굴은 어떤 방식으로 상징적 장치로 이용되는가?(제2편 풀어 보기 참조)

23. 독자가 셰익스피어 연극에 관한 지식을 갖고 있을 경우, 세르반테스의 예술과 셰익스피어의 예술이 공통적으로 지닌 특성, 일화, 인물에 관해 논하라.

24. 오브리 벨은 독자는 일생 동안 청년기, 장년기, 노년기에 최소한 3번 〈돈키호테〉를 읽어야 한다고 말한다. 소설이 인생의 각 시기에 발휘하는 영향력을 논하라.(몇몇 풀어 보기에 암시되며, 직접 거론된 경우는 없다.)

25. 세르반테스는 왜 다음과 같이 쓰는가. "돈키호테는 오직 나를 위해 태어났다. 나는 오직 그를 위해 태어났다. 행동하는 것은 그의 몫이었고, 쓰는 것은 내 몫이었다. 우리는 따로 떨어져 있으면 아무것도 아니다."

26. 〈돈키호테〉는 세계 각국의 수많은 예술가들의 작품에 영향을 미쳤다. 독자가 잘 아는 소설과 그 주인공을 돈키호테와 연관시켜 논하라. 예) 도스토예프스키의 〈백치〉, 플로베르의 〈보바리 부인〉, 멜빌의 〈모비딕〉, 필딩의 〈조지프 앤드루스〉, 벨로의 〈오기 마치의 모험〉 등.

一以貫之
논술노트

'슬픈 얼굴의 기사' 돈키호테

실전 연습문제

一以貫之는 '논어'에 나오는 말로 '모든 것을 하나의 이치로 꿴다'는 뜻입니다.

논술의 주제와 문제 유형, 제시문들은 참으로 다양하고 가지각색입니다. 그러나 그 모든 것을 하나로 꿸 수 있습니다. '인간사회의 보편적 문제들에 대한 근원적인 물음에 답하는 자기 나름의 견해'라는 것이지요. 논술은 인간이면 누구나 부딪히는 개인적 또는 사회적 문제들에 대한 자기 나름의 고민이자 성찰입니다. 논술은 자기견해, 자기 가치관, 자기 삶에 대한 솔직한 고백입니다.

一以貫之 논술연구모임은 '자신의 물음'과 '자신의 생각'을 갖고 '자신의 글'을 쓸 수 있도록 도와줍니다.

〈집필진〉
백일, 우한기, 이호곤, 박규현, 김법성, 김재년, 김병학, 도승활, 백일, 우효기, 조형진

'슬픈 얼굴의 기사' 돈키호테

인간 돈키호테

'말을 타고 광야를 달리는 우리의 돈키호테~그 모습이 거칠어도 돈키호테는 멋쟁이~'라는 노래가 있었습니다. 거침없이 너른 들판을 로시난테를 타고 내닫는 돈키호테의 모습은 상상만 해도 즐겁고 낭만적입니다. 아예 그 유명한 풍차를 향해 창을 잔뜩 겨눈 채 돌진하는 엽기적 행각에서는 바짝 타들어가는 목 줄기에 심산유곡의 차갑고 시린 초일급수를 들이붓는 것처럼 유쾌, 상쾌, 통쾌의 덩실거리는 흥겨움을 느낍니다.

굳이 그 노래를 흥얼거리지 않더라도, 굳이 세르반테스의 이 희대의 걸작을 제대로 애써 탐독해 본 적이 없더라도 돈키호테는 우리에게 너무나 친숙한 이미지로 늘 다가옵니다. 아마도 그 이유는 고단하기 짝이 없는 우리네의 일상 때문이 아닐까요. 온 세상의 하늘을 지붕 삼고 들판의 잡초들을 이불 삼아 유랑하며 애절한 사랑을 갈망하고, 그 누구도 경험해 보지 못한 모험을 희구하는 '편력기사'의 종횡무진 파란만장의 행로는 달달 외우기만 하는 수학 공식 같은 우리들의 삶을 잠시나마 적셔주는 어릴 적 소풍날 그렇게도 아껴 홀짝거리던 탄산음료 맛에 비견될 수 있을까요.

그러나 또 한편으로는 상징화된 돈키호테를 바라보는 따

갑게 내리꽂는 냉소의 시선들도 엄연히 존재한답니다. 그곳에는 '기사'와 '기사도'라는 중세의 낡은 질서와 낭만에 도취된, 시대의 변화에 순응하지 못하는 낙오자의 잔해가 비굴하게 뒹굴지요. 냉엄한 현실 세계의 합리성을 극구 외면하고 따돌림 당하는 몽상가의 허망한 몸부림도 흐느적거립니다. 세상을 이반(離飯)한 '광기'에 사로잡힌 맹목적인 이단아의 무모한 저돌성도 나부낍니다. 그래서 결국은 어떤 때는 은근히, 또 어떤 때는 마구 조롱받습니다.

흔히 사람들은 '햄릿형'의 인간과 '돈키호테형'의 인간을 대각을 세워 말합니다. 햄릿형 인간은 치밀하지만 우유부단하기 짝이 없다면, 돈키호테형 인간은 생각보다 주먹이 앞서는 막무가내의 행동파입니다. 햄릿형 인간은 현실을 끊임없이 고뇌하고 번민하며 내면화하는 인간이라면, 돈키호테형 인간은 현실을 무시하고 좌충우돌하며 세상을 향해 무딘 창날을 날립니다.

공교롭게도 같은 해 세상을 하직한 셰익스피어와 세르반테스의 기막힌 우연과, 당시 절대주의 체제를 배경으로 무역과 문화예술의 황금기를 구가하며 제해권을 놓고 격돌하던 영국과 스페인의 대표 작가들이 창출해낸 근대적 인간형이라는 다소 따분한 평가는 잠시 제쳐두더라도, 햄릿과 돈키호테는 서로 대비되는 두 인간에서만 찾아볼 수 있는 모습은 결코 아닐 것 같습니다. 밀고 당기는 '현실'과 '삶'이란 거스를 수 없는 운명의 틈바구니에서 엮여 있는 대부분의 사람들이 가진 동전의 양면 같은 두 얼굴이라고나 할까요.

그러기에 '돈키호테'와 '햄릿'은 우리에게 친숙하게 다가오는 것이 아닐까요. 친숙하다는 것은 어떤 하나로 단정하기 어려운 우리네의 삶의 굴곡과 다사다난한 여정을 웅변해 주기 때문입니다. 다시 말해, 우리는 끊임없이 굽이치면서 원하는 대로 되는 게 없는 현실을 고뇌하고 고통받습니다. 또한 이 숨막히는 현실을, 질서를 뛰어넘어 모험과 이상을 향한 일탈을 꿈꾸지요. 그래서 햄릿과 돈키호테의 모습은 우리의 숨은 자화상을 잔뜩 머금고 있는지 모릅니다.

그러나 '사느냐 죽느냐'를 외치며 번뇌하던 햄릿이 끝내 질곡의 사슬을 끊어버리기 위해 감행한 결단은 승자도 패자도 없는 처참한 비극으로 막을 내렸듯이, 비쩍 말라비틀어진 로시난테를 타고 우스꽝스러운 기사차림으로 30, 40개의 풍차를 향해 돌진하던 늙은 돈키호테의 비장함은 이제 '거인'이 되어버린 현실에 대한 옹골찬 분노이자 저항이었지만 돌아온 건 부서진 창날에 들판에 내동댕이쳐져버린 남루한 몰골뿐이었지요.

그만큼 우리의 현실은 결코 만만하지 않습니다. 오히려 만만하지 않은 것뿐만 아니라 우리의 삶을 온통 휘어잡고 늘 호령합니다. 그렇다고 언제나 현실을 인정하고 순응하며 인간으로서의 고뇌를 포기해야만 할까요. 결국 참담하게 얻어터지

기만 하기에 분노도 저항도 없는 단어로 생각해야만 할까요. 도대체 사는 게 무엇인데 내 마음대로 되는 게 이렇게도 없는 것일까요. 과연 무엇이 내가 진정 주인이 되는 그 삶을 풍요롭게 만들 수 있단 말인가요.

그 해답은 아무도 모릅니다. 단지 고운 햇살에 반사된 아침이슬을 그 가느다란 선으로 지탱하는 거미줄처럼 여린 파장으로 다가올 뿐입니다.

'돈키호테'를 만들어낸 세르반테스는 〈돈키호테〉 서문에서 이렇게 말합니다.

나는 자연 속의 모든 것들이 자신을 닮은 것을 생산한다는 자연의 법칙을 거스를 수는 없었다. 그런즉 제대로 다듬어지지도 못한 빈약한 내 재주로 갖가지 불편이 자리 잡고 있고, 모든 비탄이 들어차 있는 감옥 속에서 태어나기라도 한 것처럼 비쩍 마르고 시들시들한 데다 변덕스럽고 다른 사람 같으면 전혀 상상하지도 못할 온갖 생각들로 가득 찬 그런 사람의 이야기 말고는 무엇을 생산해낼 수 있겠는가?

평온, 아늑한 공간, 상쾌한 들녘, 맑은 하늘, 샘물의 속삭임, 고요한 영혼, 이런 것들은 시적 영감 중에서도 가장 메마른 시정(詩情)을 풍요롭게 해주고, 이 세상을 온통 경이와 기쁨으로 넘치게 하는 작품을 낳게 하는 데 가장 중요한 역할을 한다.

그 누구나 인생의 경이와 기쁨을 추구합니다. 그러나 그 경이와 기쁨은 허겁지겁 먹어치우기 급급한 경쟁의 전리품도 아니요, 고도의 효율성 속에서 산출된 합리적 결과물일 수도 없습니다. 돌아봄의 가치와 미학이 상실된 '대포'로 상징되는 분노가 지배하는 이 '증오할 만한 시대'에 대한 뼈저린 반성이자 깨우침입니다.

"대포라는 저 저주받은 무기들의 무시무시한 분노가 없던 그 행복한 시대에 축복이 있기를. 내 생각에 그 발명가는 지옥에서 자신의 악마 같은 발명에 대해 상을 받고 있을 텐데, 그것은 그 발명품으로 천한 겁쟁이의 팔이 용맹스러운 기사의 목숨을 앗아가게 했으며, 용감한 가슴에 불을 붙이고 힘을 불어넣는 용맹에 용기백배해 있던 와중에 어디에서 어떻게 날아온 것인지 알 수 없는(그 저주받을 기계를 발사할 때 불꽃을 만들어내는 광채에 놀라 필경 줄행랑쳤을 자가 발포한) 탈선한 총알이 날아와 박혀 긴 세월을 누려야 할 사람의 생각과 생명을 한순간에 앗아가 끝내버리기 때문이다. 이러한 점을 생각해 보면 지금 우리가 살고 있는 이 증오할 만한 시대에 편력 기사의 임무를 택한 것을 마음속으로 후회하고 있다고 말하고 싶을 정도이다. 어떤 위험도 내게 두려움을 주지는 못하지만, 화약과 탄환이 내 팔의 용기와 칼날로 세상에 두루 알려져 이름을 드높일 기회를 빼앗아가지나 않을까 걱정이 되기 때문이다…"

어디서 날아온지 모르는 탈선한 총알에 긴 세월을 누려야 할 사람의 생각과 생명이 한순간에 끝나버릴 수 있는 시대가 어디 돈키호테가 살았던 시대뿐이겠습니까. 행복은 성적순이 아니라고 믿어 의심치 않았건만 성적 때문에 어느 한순간 인생 성공의 향방이 결정되고, 하루아침에 평생 몸이 부서지라 다니던 직장에서 쫓겨나며, 한쪽에는 폭등하는 집값에 일확천금의 쾌재를 부르는 시대의 축복과 행운을 듬뿍 받은 무리가 있는 반면, 오직 성실이라는 미련함으로 알뜰살뜰 모았으나 내 가족 편히 쉴 집 한 채 가져보는 미몽이 요절나는 불행한 무리가 부지기수 존재하는 이 시대는 어떠한가요?

그대! 평온하고 싶다는 욕망과 왠지 모를 갈증에 시달리고 있지는 않은가요?

그대! 비싸지도 화려하지도 않지만 아늑한 나의 공간에서 시간과 시름을 잊어버리고 싶지는 않은가요?

그대! 나를 둘러싼 만물의 은은함과 그 간지러움, 미묘함, 때로는 후벼 파는 듯한 아픔과 소곤거리고 싶지 않은가요?

그러기에 우리는 돈키호테를 그리워하고 가깝게 생각하고 있는지 모릅니다. 돈키호테는 단순히 시대와 현실을 따라가지 못하는 광인이요, 낙오자요, 몽상가요, 이단아일 수만 없습니다. 그는 시대와 현실을 고뇌하고 너무나도 사랑한 불운의 아픔이자, 그 아픔을 넉살과 웃음과 환희로 승화한 바로 우리들 자신의 모습입니다.

이 산 속에서 자라는

드높은 나무, 푸릇푸릇한 풀과

수많은 초목들아,

나의 불운에 관심이 없다면

나의 성스러운 한탄에 귀를 기울여다오.

아무리 고통스러울지라도

나의 아픔은 너를 심란하게 하지 않으리니.

돈키호테, 스스로 드디어 '광인'이 되다

일찍이 푸코는 사회가 '광기'를 규정하고 분리시킴으로써 어떻게 '정상성'을 만들어내는지 보여주었습니다. 그래서 "이성이 정신병원을 만든다. 광인은 생겨난 것이 아니라 만들어지는 것이다"라고 말했을까요? 또한 여행하려고 배에 오른 사람들이 보기에, 멀어져가는 것은 배가 아니라 육지라는 말도 그 의미가 아닐는지요.

어쩌면 돈키호테도 '이성'과 '정상성'의 시대가 만들어낸 '광인'이었습니다. 다만 정신병원에 감금되지 않고 방랑하는 '편력기사'가 되었을 뿐이지요. 편력기사로 한 곳에 정착하지 않고 세상을 떠돌며 온갖 모험과 이상을 꿈꾼다는 것은 세상에 대한 비판과 환멸을 드러내는 것이었습니다. 돈키호테의 창조자 세르반테스가 활동하던 17세기 스페인은 여전한 가톨릭교회의 엄격한 지배 하에서 예술 작품에 대한 철저한 검열과 사상 통제가 이루어지고 있었다고 합니다. 시대와 체제에 대한 직접적인 비판은 결코 인정되거나 용납될 수 있는 사안은 아니었을 겁니다. 〈돈키호테〉는 '광기'와 '환상'을 통해 삭막한 현실을 뛰어넘는 분출구이자 탈출구였습니다.

그 시골 귀족은 한가할 때마다(사실은 1년 내내 한가했지만) 기사 소설에 빠져든 나머지 사냥도, 심지어 재산관리조차 제쳐두었다. 기사 소설에 대한 호기심과 광기가 지나치다 못해 급기야는 광활한 논밭을 팔기에 이르렀다. 덕분에 집안 가득 기사 소설을 빼곡히 들여놓을 수 있었다. 물론 시골 귀족은 그 책들 중 펠리시아노 데 실바가 쓴 책들만큼 훌륭한 건 없다고 생각했다. 명쾌한 문체와 논리가 아주 빼어났기 때문이었다. 특히 사랑의 속삭임과 연애편지에서 다음과 같은 문장을 발견할 때는 그런 믿음이 더욱 확고해지곤 했다. "나의 이성을 만든 이성을 상실한 이성에 나의 이성은 힘을 잃고, 그대의 아름다움을 한탄하니 이 또한 이성이노라." 또는 "별들과 함께 신의 가호로 당신의 신성함으로부터 우리를 강하게 해주고 당신의 위대한을 보어주는 공적으로 인해 우리를 가치 있게 만드는 높은 하늘을…"이라는 부분을 읽을 때도 그랬다. 이러한 이유로 그 가엾은 시골 귀족은 판단력을 잃어버렸고, 심지어는 아리스토텔레스가 오로지 그것을 이해하기 위해 부활한다 할지라도 결코 이해하지 못했을 것들을 이해하고 의미를 되새기느라 밤을 지새곤 했다.

돈키호테의 광기는 우리가 일반적으로 말하는 정신착란
과 다릅니다. 그는 자신의 환상의 의미를 너무나 잘 이해하고
있지요. 오히려 그는 환상에 사로잡혀 있는 것이 아니라 스스
로 환상을 능동적으로 조작하고 창출해냅니다. 풍차를 '악의
축' 거인으로 만들어버리고, 그의 애마 로시난테가 그만 외로
운 나머지 암말들에게 수작부린 탓에 벌어진 양구아스 마부들
과의 혈투, 평원에서 양떼들의 행군을 거대한 군대들의 싸움
으로 착각하고 뛰어들었다가 목동들에게 갈비뼈가 작살나버
리는 사건 등, 빙긋이 웃음을 번지게 하는 그의 기상천외, 좌
충우돌 대부분의 모험담들은 온통 그가 만들어낸 환상의 소산
들이지요.

그의 무용담에서 무엇보다도 중요한 부분을 차지하고 소
중한 삶의 이유이자 목표인 사랑의 여신 둘시네아 공주는 또
어떤가요? "황금빛 머릿결, 엘리시움 들판 같은 이마, 무지개
같은 눈썹, 반짝이는 두 눈동자, 장밋빛 두 뺨, 산호빛 입술, 진
주 같은 이, 석고 같이 하얀 목, 대리석 같은 가슴, 상아빛 두
손, 눈처럼 하얀 피부, 그리고 인간의 눈에는 너무나도 드높기
만한 정절을 품고 있는 성품…"이라고 최고의 찬사를 늘어놓
고 있지만, 실상은 농사일로 단련된 검게 그을린 딱 벌어진 어
깨의 평범한 시골 처자에 불과하지요. 그러나 둘시네아 공주
조차도 '편력기사'로 명예와 삶을 꿈꾸는 돈키호테가 만들어
낸 극적 장치일 뿐입니다.

"어느 아름답고 젊고 자유분방하며 부유하고 특히 시원시원한 성격을 가진 과부가 뚱뚱하고 꽤 몸무게가 나갈 것 같은 수도사에게 반해 버렸다고 생각해 봐라. 이것을 안 수도원장이 어느 날 그 과부에게 훈계했다. '부인, 저는 부인같이 그토록 지체 높고 아름답고 부족함 없는 분이 아무개처럼 음탕하고 비천하고 아둔한 남자에게 대체 무슨 이유로 사랑에 빠졌는지 놀라울 따름입니다. 이 수도원에는 수사들과 수도사들, 신학자들이 워낙 많아서 부인께서 마치 배를 고를 때처럼 이게 좋네, 저건 별로야 하면서 선택하실 수 있을 텐데 말입니다.' 그러자 과부는 아주 당돌하고 뻔뻔스럽게 대답했다. '원장 신부님, 뭔가 잘못 알고 계시는군요. 신부님 눈에 바보처럼 보이는 그 아무개를 제가 잘못 택했다고 생각하신다면, 원장님께서 아주 고리타분한 생각을 하고 계신 거예요. 그이를 사랑하는 제 눈에는 그가 아리스토텔레스만큼, 아니 그보다 더 철학을 잘 알고 있는 사람으로 보이거든요.' 산초야, 이와 마찬가지로 내가 둘시네아 델 토보소 공주님을 사랑하기에, 그분은 나에게 가장 고귀하신 공주님인 것이다. 그래, 시인들이 나름대로 붙여준 이름으로 예찬하는 모든 여인들이 다 실제로 있었던 것은 아니다… 그저 내가 그녀를 이 세상에서 가장 고귀한 공주님이라고 생각하면 될 뿐이다…"

이쯤 되면 '듣고 있는 사람들에게는, 겉으로 보기에는 모든 문제에 대해 훌륭한 이해력과 뛰어난 언변을 지니고 있는데, 자신이 추종하는 불운하고 어두운 기사도에 대해 논하기만 하

면 완전히 이성을 잃고 마는 사나이’ 돈키호테가 진실로 ‘광인’
인지 의심이 되는군요. 그의 기행(奇行)을 깔깔거리고 비웃지
만 예사롭지 않은 통찰과 논리에 주변사람들도 놀라기는 마찬
가지였으니까요.

“그런 줄 알고 있었지요. 그래서 도와드린 것인데, 모두 잘 들
어맞았군요. 하지만 이 가련한 기사는 그의 책들이 요구하는 문체와
형식만 갖추면 이 모든 꾸며낸 일과 거짓말들을 너무나 쉽게 믿어버
리니 이상하지 않습니까?”

카르데니오가 맞장구를 쳤다.

“정말 그렇습니다. 너무도 이상한 전대미문의 이야기인지라, 거
짓으로 날조하고 싶어도 과연 그렇게 해낼 수 있는 날카로운 재주를
지닌 사람이 있을지 모르겠습니다.”

“하지만 거기엔 또 다른 게 있지요. 이 훌륭한 귀족은 광기에
빠져서 내뱉는 그 순진한 말들을 제외한다면, 다른 일들에 대해서는
매우 뛰어난 논리로 사고하며 모든 일에 명민하고 침착한 판단력을
보여준다는 겁니다. 따라서 기사도 이야기만 꺼내지 않는다면 그를
훌륭한 지성인으로 보지 않을 사람이 없을 겁니다.”

그의 광기에는 따뜻한 사람의 냄새가 잔뜩 배어 있습니다.
요절복통할 그의 기행은 대부분 그 당사자들의 실상이야 어찌
되었거나 약자를 보호하려는 기사도의 숭고한 정의감에서 출

발합니다. 무찔러야 할 불의라고 생각하면 거침없이 창날을 곧추세우지만 때로는 감상에 젖어 하염없는 독백과 눈물을 뿌리기도 하지요. 사람과 사물을 대하는 그 순진무결함은 또 어떤가요. 스스로가 옳다고 생각하는 원칙을 지켜나간다는 게 '정상인'이라고 하는 우리조차 쉽게 어겨버리기가 예사이건만 '광인' 돈키호테는 남들이 비웃거나 말거나 소신과 신념을 지켜나갑니다. 우스꽝스럽지만 마냥 웃을 수 없는 사람, 미치광이라고 단순히 치부하기엔 너무나 유별난 자기세계에 투철한 사람, 온갖 허점과 허풍투성이지만 살갑게 보듬어주고 싶은 사람, 밉살맞고 방정맞기도 하지만 어쩐지 뭉클한 심정으로 손을 꽉 잡아주고 싶은 사람, 그래서 그가 만났던 대부분의 사람들이 그의 엉뚱하고 기이한 행동에 경악하면서도 따뜻한 연민으로 보살펴주려고 애를 썼는지 모르겠습니다.

시대와 현실을 초월하는 천재와 광인의 차이는 무엇일까요. 오히려 그 차이점보다 공통점을 밝히는 쪽이 더 쉬울 듯합니다. 아마도 그건 이상이나 환상에 대한 놀라울 정도로 끈질긴 편집광적인 집념과 의지가 아닌가 싶습니다. 어떤 이야기들이나 상황도 자신의 논리와 이해 속에서 꿰어 맞추는 탁월한 적용 능력도 한몫을 하겠고요. 시대가 '광인' 돈키호테를 만든 것이 아니라 돈키호테 스스로 '광인'의 길을 선택했다는 것은 가히 의미심장한 일입니다. 그의 기이한 언행과 궤적은 허접한 현실에 대한 신랄한 비판이 스며들어 있습니다. 또한 시대의 규정과 제한을 받는 피동적 인간에서 시대 자체를 스스로 규정해 버리는 주체적 인간으로의 전환은 9회 말 극적인 역전만루 홈런처럼 상황과 범주를 전혀 다른 세계로 인도하는 것이었지요. 다시 말해, 정신병원에 감금됨이 마땅한 '미친×'의 정신 병리학적 차원에서 가쁜 숨을 몰아쉬며 살아가는 '철학'과 '성찰'의 차원으로 바뀐다는 것이지요.

그래서 우리의 돈키호테는 스스로 기사가 됩니다. 그것도 세상의 구태의연한 질서와 안정에 안주하는 세상을 방랑하며 온갖 모험을 찾는 '편력기사'의 길을 떠납니다.

"한 화가가 자신의 예술 분야에서 명성을 얻고자 한다면 자신이 알고 있는 유명 화가들의 원본 그림을 모사하게 마련이다. 이 법칙은 공화국을 구성하고 있는 모든 직종에도 적용된다. 따라서 신중하고 참을성이 있다는 명성을 얻고자 하는 사람은 율리시스를 본받아야 하고, 또 그럴 것이다. 호머는 율리시스의 사람됨과 모험을 통해 우리에게 그가 지닌 신중함과 참을성에 대한 생생한 초상을 그려낸 바 있으며, 버질 또한 아에네아스의 인간성을 통해 자비로운 자의 용기와 용감하고 사려 깊은 장수의 기민함을 보여주었다. 다만 율리시스와 아에네아스를 있는 그대로가 아니라 후손들에게 그들의 미덕을 모범으로 남기고자 '이렇게 되어야 한다'라는 식으로 그려내거나 묘사했던 것이다. 이와 마찬가지로 아마디스야말로 용감하고 사랑에 빠진 기사들의 북극성이며 금성이고 태양이었으니, 사랑과 기사도의 기치 하에 편력을 떠난 우리 모두는 그를 본받아야 하는 것이다. 일이 이러한 즉 산초야. 나는 아마디스를 가장 비슷하게 따라 하는 편력기사가 기사도를 가장 완벽하게 이룰 수 있다는 것을 깨달았다.”

그런데 왜 기사면 기사였지 굳이 ‘편력기사’의 길을 떠났을까요. 기사라면 우리가 아는 상식으로는 유럽의 중세 사회에서 꽤나 큰 역할과 힘을 가졌던 사람들로 알고 있는데요. 세계사 상식을 좀더 동원하면 십자군 원정이니, 신항로 개척이니 뭐니 해서, 인간의 본모습을 찾자는 르네상스운동이 촉발되고 상업과 무역이 무진장 발달해서 기존의 종교와 기사 중심의 중세 봉건질서가 끝장나고 능력 위주의 새로운 근대 사회가 도래했다고들 합니다.

그러나 부자가 망해도 3년은 가고, 썩어도 준치라는 말이 있듯이 한번 잡은 권력과 부귀와 명예를 쉽사리 넘겨줄 리 만무하지요. 오히려 상식적으로 기존의 절대 우위에 있는 지위를 이용해서 새롭게 창출되는 부와 영예를 독차지하는 게 더 쉬운 일이지요.

“편력기사로서의 나의 본분이 다른 모습으로 돌아다니는 것을 용납하지도 허락하지도 않습니다. 평온한 일상, 안락한 삶, 휴식은 비겁한 귀족들을 위해 있는 것이고 모험, 불안정한 생활, 결투 등은 이 편력기사들을 위해 있는 것입니다. 나 자신을 감히 편력기사라고 한다면, 저는 그 중에서도 가장 하찮고 보잘것없는 기사라고 해야겠지요.”

우리의 돈키호테는 귀족으로서 평온하고 안락한 삶을 과감히 거부하고 있군요. 비겁한 짓이라고 질타를 퍼붓네요. 하늘의 별들과 들판의 풀들을 이부자리 삼아 진정한 삶의 가치를 높이 드날리는 모험과 그것을 위한 언제 죽을지 모를 생사의 기로인 결투가 자기 삶의 목표라고 합니다. 오히려 철저하지 못한 편력기사의 길을 걷는 자신에 대해 겸손해 하면서 말입니다.

그런데 돈키호테의 이런 고백은 어디서 많이 들어본 상황인 듯합니다. 일제 시대 조국의 독립을 위해 논밭 팔고 만주 벌판을 내달리던 어르신들이 문득 생각나는군요. 의사라는 명예와 안정된 삶을 포기하고 아프리카 오지에서 인도주의적 이상을 실천했던 슈바이처와 억압받는 가난한 민중의 해방을 위해 정글을 헤매다 쓰러져간 혁명가 체게바라도 떠오릅니다. 지금은 세상이 바뀌어 덜한 편이라지만 불의에 찬 권력과 체제에 맞서 장밋빛 미래가 보장된 대학 생활을 포기하고 노동 현장에 뛰어들던 미련 곰탱이(?) 같은 학생들도 많았지요.

그들도 역시 돈키호테처럼 세상물정 모르고 좌충우돌하는 ‘광인’들이었을까요?

너무나 살아가는 게 뻔하고 지루하다보니 일장춘몽의 미몽 속에서 잠시 일탈의 쾌감을 만끽하며 스스로를 위안하기 위한 방편에 불과했을까요?

예나 지금이나 네 갈 길이 있고 내 갈 길이 있는 개성시대, 뭔가 현실을 순응하며 살아가는 대다수 남들과 다른 튀는 행동들을 통해 자기만족의 기쁨을 누렸던 것일까요?

혹시나, 혹시나 자신을 둘러싼 세상과 현실에 무엇인가 깊숙한 의문을 던지고 그 해법을 찾아 그들의 길을 당차게 걸어갔던 것은 아닐까요?

다른 사람들은 어떨지 몰라도 이 반문에 더 호감을 느끼는 건 역동적인 삶에 대한 은근하지만 간절한 열망 때문이겠지요.

돈키호테가 꿈꾸는 세상, 그 쓸쓸함

광인의 고행을 스스로 자처했던 돈키호테가 꿈꾼 이상은 무엇이었을까요? 기발한 모험과 즐거움만 있으면 그것으로 족하지, 정당한 이유와 목적을 발견하려고 하는 것 자체가 돈키호테의 진정한 가치를 떨어뜨리는 일이라고 생각됩니다만 나름의 이유와 근거를 찾는 합리성에 익숙한 우리로서는 그것을 알고자 하는 욕구가 생기는 것은 어쩔 수 없군요.

우선, 다음 대목이 눈에 들어옵니다.

"삼촌은 걸핏하면 꼬박 이틀 밤낮을 새워가면서 이 쓸모없는 재앙의 책들을 읽어댔어요. 결국은 책을 집어던지고 칼을 들어 벽을 향해 내지르기도 하고, 그러다 지치면 탑만큼이나 큰 거인을 넷이나 죽였다면서 땀이 흐르는 걸 가지고 전투에서 입은 상처에서 피가 솟는다고 하지 뭐예요. 어떤 때는 냉수를 항아리째 들이마시고는 그 물은 위대한 마법사이자 당신의 친구인 현자 에스키페(기사 소설 '골의 아마디스'에 등장하는 마법사 알키페의 이름을 돈키호테의 조카딸이 잘못 알고 말한 것.)가 가져다준 귀한 약물이라고 하면서 다시 평온을 되찾지 않나… 하여간 모두 제 잘못이에요. 진작에 삼촌의 이상한 행동을 신부님과 아저씨께 말씀드렸어야 했는데. 그랬다면 삼촌이 갖고 있는 저 해로운 책더미를 태워버려서 이런 일이 생기기 전에 막을 수 있었을 텐데. 저 책들은 이단자들과 같아서 불태워 없애버려야 한다니까요."

삼촌의 황당하고 돌연한 기행에 잔뜩 화가 난 조카딸의 푸념이랍니다. 쓸모없는 재앙의 책들인 기사도 책 때문에 삼촌이 광기에 사로잡히게 되었다고 굳게 믿고 있군요. 그래서 해로운 책들을 태워버려야 한다고 말합니다. 물론 삼촌을 너무나 사랑하고 아끼는 조카딸의 갸륵한 마음씨가 담겨 있지만, 그 기사도 책들이 돈키호테를 미쳐버리게 만들었다고 생각하는 것은 어쩐지 독단의 냄새가 묻어납니다. 그러나 조카딸이야 삼촌을 생각하는 마음으로 분풀이한 것이라지만, 잘 차려

입고 근엄하며 학식이 있는 교회법 연구원은 아예 직격탄을
날려버립니다.

"신부님, 기사도 책이라 일컫는 것들이 정말로 공화국에 피해
를 준다는 것을 알겠군요. 물론 저도 한가롭고 쓸데없는 기분에서
인쇄되어 나온 모든 책들의 맨 앞부분을 읽어보았지만, 처음부터 끝
까지 다 읽어본 적은 없습니다. 더 좋고 나쁠 것도 없이 모두 다 똑
같아 보였기 때문에 이것이 저것보다, 혹은 이것이 다른 것보다 더
낫다고 볼 수 없었던 것입니다. 게다가 제가 보기에 이런 종류의 글
이나 저작은 밀레토스 이야기라 일컫는 우화들보다 못한 것으로, 단
지 즐거움만 줄 뿐 교훈성은 없는 허무맹랑한 이야기들이지요. 즐거
움과 교훈이 함께 있는 우화와는 대조적입니다. 그런 책들의 목적이
즐거움에 있다손 치더라도 그토록 엉뚱하게 말도 안 되는 이야기들
로 가득 차 있는데 어떻게 즐거움을 줄 수 있는지 모르겠습니다. 마
음속에 품는 즐거움은 앞에 놓인 사물 속에서 시각이나 상상력을 통
해 아름다움과 조화를 보거나 응시하는 것에서만 비롯되는 것입니
다. 그래서 추함과 무질서가 들어 있는 것은 어떤 기쁨도 주지 못하
는 것입니다…"

교회법 연구원이라는 직함 자체가 당시 사회에서 엄청난
지위와 영향력을 행사했던 인물임은 틀림없겠지요. 그는 기사
도 소설을 마치 키메라 같은 괴물이라고 규정합니다. 거기에

다 '거친 문체에다 무훈은 터무니없고, 연애는 음탕하고 예의 없고, 전투는 너무 길고, 말은 바보 같고, 여행은 엉터리 같고, 궁극적으로 모든 신중한 기교와는 거리가 멀기 때문에 쓸모없는 사람들을 추방하는 것처럼 이 책들도 기독교 공화국에서 내쫓을 만한 것'이라고 주장합니다. 교회법 연구원 같은 지위에 있는 사람이 이 정도 말을 했다면 기사도 소설은 당시 사회 질서를 위반하는 사회악으로 척결 대상이 될 수밖에 없겠네요. 문득 움베르토 에코의 〈장미의 이름〉이란 소설이 연상되는군요. '웃음'을 주제로 한 아리스토텔레스의 〈시학〉이 신성모독을 한다는 이유로 그 책을 읽는 사람들이 차례차례 독살되지요. 〈돈키호테〉에서는 차마 그 섬뜩한 독살보다는 합리적이지만 보다 우스꽝스러운 '책들에 대한 재판'이 이루어집니다.

"뭐라고요? '백기사 티란테'가 여기에 있다고요? 이리주세요. 그 책이야말로 흥미와 즐거움의 보고입니다. 이 책에는 용감한 기사인 몬탈반의 돈키리엘레이손, 그 동생 몬탈반의 토마스, 기사 폰세카, 용맹스런 티란테가 커다란 사냥개와 싸운 이야기, 플라세르데미비다 아가씨의 재치 있는 말솜씨, 미망인 레포사다의 연애와 모략, 시종인 히폴리토와 연애하는 여왕 등이 다 나오지요. 정말로 그 문장만 보더라도 이 세상 최고의 책입니다. 이 책에는 기사들이 먹고 자고 자리에서 죽고, 죽기 전에 유언을 하는 등 그 밖에 다른 책엔 한 마디도 나오지 않는 내용이 다 들어 있습니다. 그 점에서는 저자를 칭찬할 만합니다. 평생 동안 노예선에 갇혀서 고생할 만한 엉터리 이야기들을 집어넣은 것이 사실이지만, 일부러 알고 그런 것은 아니니 봐주는 게 어떨지요. 가져다 읽어보세요. 제가 한 말이 모두 정말일 테니.”

작품의 중간 부분이 서두에 상응되고, 결말이 서두나 중간에 상응되며, 먹고 자고 죽고, 죽기 전에 유언을 남겨야만 책으로서 가치가 있다는 것이지요. 다시 말해, 누구나 납득시키는 체계가 있어야 하며 규칙이 있고, 질서를 지킬 수 있는 인과관계가 있어야 ‘합리적’이며 ‘이성적인’ 가치로서 인정받을 수 있다는 말이 아닐까요.

사람이나 사물이나 고유한 자기 목소리가 있습니다. 이런 다양한 목소리가 서로 호흡하며 아름다운 화음을 연출하는 경우도 있고, 때로는 서로 대립되고 충돌하며 불협화음의 삐그덕거리는 소리를 낼 때도 있겠지요. 그러나 이 모든 게 세상을 풍성하게 구성하는 근본적인 이치라고 생각됩니다. 일률적인 규칙과 틀로서 ‘합리’와 ‘이성’이라는 미화된 시선으로 규정될 수는 없다는 것이지요. 그러나 단지 규정만 할까요. 하나의 진리가 옳다는 단순하지만 무서운 발상은 또 다른 진리의 가능성을 억압하고 통제해 버립니다. 〈장미의 이름〉처럼 독살당하기도 하고, 재판을 통해 감옥이나 정신병원에 가두어버리지요.

돈키호테는 이러한 현실에 대해 통렬하게 일갈(一喝)합니다.

"그런 소리 마시오! 국왕 폐하의 윤허로 인쇄되고, 인가를 얻어서 사람들에게 유포되었으며, 어른과 아이들, 가난한 자와 부자들, 학식이 있는 자와 우매한 자들, 평민과 기사들, 다시 말해 신분과 지위의 고하를 떠나 모든 종류의 사람들이 한결같은 기쁨으로 읽고 칭찬한 책들이 어찌 거짓일 수 있겠소? 더구나 그토록 진실성을 띠고 아버지와 어머니, 고향, 친척, 나이, 장소, 이러저러한 기사나 기사들이 행한 무훈들을 날마다 자세히 우리에게 이야기해 주는데도 거짓말투성이로 이루어졌단 말이오? 귀공은 입을 다물고 그런 모욕적인 발언은 삼가시오. 그리고 분별 있는 사람으로서 의당 해야 할 바를 이런 식으로 내가 귀공에게 충고하고 있다는 것을 명심하고 책을 읽으시오. 그리하면 그 이야기에서 어떠한 기쁨을 얻게 되는지 알게 될 것이오. 그렇지 않다면, 말해 보시오.

지금 여기 우리들 앞에 보글보글 끓는 콜타르의 큰 호수가 나타나고, 그 속을 큰 뱀, 작은 뱀, 도마뱀, 그 밖에 온갖 종류의 무섭고 끔찍한 생물들이 헤엄치고 다니는데, 호수 한가운데서 매우 구슬픈 목소리로 '그대, 기사여, 이 무서운 호수를 바라보고 있는 그대가 누구든지 간에, 그대가 이 검은 물 밑에 숨겨진 보물을 손에 넣고 싶다면, 그대 강인한 가슴속의 용기를 발휘하여 이 검고 타오르는 물속에 몸을 던지라. 왜냐하면 그대가 그렇게 하지 않는다면, 이 암흑 속에 묻혀 있는 일곱 요정이 사는 일곱 개의 성에 간직되어 유지되고 있는 아주 놀랍고 경이로운 일들을 볼 수 없을 테니 말이다'라는 것보다 더 재미있는 일이 어디 있겠소? 그리고 그 기사가 이 무서운 소리를 듣자마자, 사려 깊게 차분히 생각하지도 않고, 또 앞으로 자신에게 일어날 위험에도 전혀 개의치 않은 채, 하물며 몸에 걸치고 있는 무거운 무기로 인한 괴로움에서 벗어날 생각도 없이, 신과 자신이 섬기는 여인의 가호를 빌면서 끓어오르는 호수 한가운데로 몸을 던져 자신이 어디에 있는지 깨닫지도 못하는 사이에, 어떠한 곳과도 비교할 수 없는 낙원과 같은, 꽃들이 만발한 들판에 서 있게 된다면 어떻게 하겠소? 그곳에서 그가 본 하늘은 대단히 청명하고, 태양은 더 한층 밝고 환하게 비추는 것처럼 느껴진다오. 그리고 그의 눈앞에는 아주 푸르고 잎이 무성한 나무들로 가득한 고요한 숲이 펼쳐지는데, 그 초목의 아름다움은 눈에 기쁨을 안겨주며, 뒤얽힌 나뭇가지 사이를 날아다니는 수많은 다채로운 빛깔의 작은 새들이 지저귀는 달콤하고 알 수 없는 노래 소리는 마음을 즐겁게 하오. 또한 이곳에는 시냇물이 하나 흐르는데, 수정체로 이루어진 듯한 맑고 신선한 물이, 체에 거른 황금이나 순수한 진주와 같은 자잘한 모래와 하얀 자갈 위를 흐른다오.”

사뭇 대단한 상상력이지요? 그는 상상과 경이의 무한한 파노라마를 마음껏 펼쳐 보입니다. 신분과 지위의 고하를 떠나 모든 종류의 사람들이 한결같은 기쁨을 정말 미친 사람인가 싶게 진지하고 격정적으로 설파합니다. 그곳에는 신분에 의한 차별도 존재하지 않겠지요. 당연히 남자와 여자의 차별도, 사회적 소수자에 대한 폭력도, 가난한 자와 부자의 잔인한 경계선도 베를린 장벽이 무너지듯 환호 속에 사라질 것입니다. 저마다의 진리를 추구함에 어떠한 억압과 탄압도 존재하지 않겠지요. 무한경쟁의 지독한 포연도, 비탄의 한숨도, 절망의 느낌도, 분노의 외침도 분명 없을 겁니다. 상상의 날개 짓이 비상할 때마다 은빛 가루가 눈부시게 뿌려지며 모든 생명의 터전에 쿵쿵거리는 충만한 박동이 메아리 되어 들려올 것입니다.

희대의 광인이자 조롱거리요, 현실도피자요, 철딱서니 없는 방랑자 돈키호테가 꿈꾸는 세상은 진정 이런 것이 아니었을까요?

"행복한 시절, 행복했던 수세기를 황금시대라 이름 붙였던 이유는 오늘날 이 철기시대에 높이 평가되는 황금이 복된 그 시기에 쉽게 구할 수 있어서가 아니라 그 시절의 사람들은 '네 것, 내 것'이라는 두 단어를 모르고 살았기 때문이었소. 저 성스러운 시대에는 모든 것을 공동으로 소유했지요. 그 누구라도 일용할 양식을 얻기 위해서는 달콤하게 익은 열매를 아낌없이 주는, 잎이 무성한 떡갈나무에 손만 뻗으면 되었소이다. 맑은 샘물과 흐르는 강물은 사람들에게 맛 좋고 투명한 물을 충분히 제공해 주었지요. 바위 틈새와 움푹 파인 나무 구멍에는 부지런하고 분별력 있는 꿀벌들이 그들의 공화국을 건설하고 가장 달콤한 노동의 풍요한 수확을 아무런 대가 없이 누구에게나 제공했소. 거대한 코르크나무들은 순수한 호의로 자신의 넓고 큰 껍질을 벗겨내어 거친 기둥으로 지탱되어 있는 가옥들의 지붕을 씌우기 위해 사용되었소. 그것은 오로지 하늘의 눈, 비를 막아주기 위한 것이었다오. 황금시대에는 모두가 평화로웠고, 우애가 넘쳤으며 조화로웠지요. 아직 밭 가는 쟁기를 가지고 자연의 자애로운 땅 속을 열어보거나 건드릴 엄두도 내지 못했소. 대지는 강압에 의해서가 아니라 스스로 비옥하고 넓은 대지 곳곳에서 그 당시 땅을 소유하고 있던 인간들을 실컷 먹이고, 영양분을 주고, 즐겁게 할 수 있는 것을 제공했다오."

현실은 난해합니다. 현실은 너무나 힘이 셉니다. 그리고 상상력까지 구속해 버리기도 하지요. 그래서 돈키호테는 이 '황금시대'라는 '엘도라도'를 더욱 꿈꿨는지 모르겠습니다. 스스로 만들어낸 환상의 이상향이 궁극적으로 그가 지향했던 삶의 가치라면 그 역설이 깨닫게 해주는 것은 단지 초라하기 짝이 없는 피곤한 현실, 변화시킬 수 없는 현실, 도피할 수밖에 없는 현실에 불과할 뿐입니다.

돈키호테에게 현실은 참으로 거대한 산맥처럼 다가왔을 것입니다. 낭만과 모험과 마술과 사랑의 시대는 어느덧 흘러가버리고, 규칙과 질서와 이성이 지배하는 '근대'라는 거대한 시대의 대세 속에서 퇴락한 기사의 삶은 누렇게 바래 바람에 쓸려 나뒹구는 신문지조각 같은 것이었겠지요. 아마도 그는 그런 현실에 대해 너무나 가슴 아프게 고뇌했고, 좌절했으며, 덧없는 세월에 한탄했을 겁니다. 현실을 뛰어넘고 싶지만, 그

럴수록 현실은 더욱 그를 외진 곳으로 몰아세우며 더욱 초라
하게 만들었을 것입니다.

　도무지 어찌할 수 없는 현실, 가만히 있어도 숨이 탁탁 막
히는 현실, '나'를 끊임없이 잃어버리게 하는 현실, 그 속에서
그가 할 수 있는 것은 스스로 환상을 만들어내는 것뿐이었습
니다. 그리고 그 환상 속으로 몰입하여 너무나 유쾌하지만 너
무나 슬픈 '광인'의 길을 갑니다. 그가 꿈꾸던 세상의 쓸쓸한
노스텔지어만 시퍼런 가슴에 잔뜩 담고서요. 결국 그가 꿈꾸
는 세상이란 "현실의 모든 인간들은 단지 세계라는 무대에 선
가면을 쓴 배우들로서 죽음으로써만 이 불가해한 현실에서 해
방될 수 있다"는 스스로의 고백처럼 마치 마법에 걸린 듯한
이상한 세계, 다시 말해 '현실'이라는 '거인'의 불가해함에 밀
려버린 반란이자 도피처였던 것이었지요.

　시대를 반추하는 '광인'들이었지만, 돈키호테는 일제 시
대 만주 벌판을 내달리던 독립군이 될 수 없었습니다. 슈바이
처도, 체게바라도, 노동 현장에 뛰어들던 학생들도 될 수 없었
습니다. 그것은 모진 현실이라는 거인을 받아들이는, 작지만
분명한 차이 때문이 아닐는지요? 돈키호테가 현실을 '환상'으
로 치환하여 그 어쩔 수없는 현실에 결국은 굴복한 모습이 되
었다면, 독립군에게는 조국의 해방이라는 당면의 처절한 현실
이 있었습니다. 슈바이처에게는 약 한 번 제대로 쓰지 못하고
병들어 죽어가는 가난한 아프리카인들이 있었고, 체게바라에

게는 압제에 신음하며 도대체 희망이라는 말을 모르는 제3세
계 민중들이 있었지요. 장래가 보장된 삶을 내던지고 노동 현
장에 뛰어들었던 학생들에게는 폭력을 무차별 휘두르는 왜곡
된 사회 현실은 '진리'를 공부한다는 사람들로서 진실로 외면
하기가 어려웠을 겁니다. 이 모든 이들의 이상은 현실의 성난
폭풍우를 헤쳐 나가는 등대와 같은 것이었습니다. 현실과 이
상은 서로를 등지지 않는 끊임없는 애증과 긴장관계가 있어야
한다는 것이지요.

'크메르 루즈'라는 사람들이 있었습니다. 캄보디아에 자
본주의의 독성과 해악을 뽑아내고 '농민공동체'를 바탕으로
한 이상사회를 건설하겠다는 꿈이 있었던 사람들이었지요. 그
러나 그들은 현실과 꿈의 긴장관계를 그만 외면해 버렸습니다.
꿈을 너무나 앞세웠던 그들의 행동은 수백만 명을 학살한 그
유명한 '킬링 필드'의 소름끼치는 악몽으로 나타났지요.

현실이라는 '거인'은 참으로 기이하고도 억셉니다. 외면
하고 싶어도 외면할 수 없고, 인정하지 않으려고 해도 인정할
수밖에 없으니까요. 그것은 무엇 때문일까요. 아마도 그 속에
바로 '나'의 존재가 엄연히 자리 잡고 있기 때문은 아닐까요.
그 속에 진정한 삶의 실마리가 있기 때문이 아닐까요.

이상과 현실의 만남

이상향을 좇는 돈키호테의 기행만을 다룬 이야기였다면

뭔가 허전함을 금치 못했을 겁니다. 심심한 시간들을 다독이는 그저 재미있는 애깃거리에 불과했겠지요. 이런 허전함을 채워주는 인물이 바로 돈키호테의 종자 산초 판사의 존재감입니다. 완고할 정도로 이상주의를 추구하며 나름의 윤리적 원칙과 삶의 행동지침을 철저히 지켜나가려는 돈키호테와 달리 산초는 지극히 현실적인 인물입니다.

결국 그들은 이날 숲속에서 하룻밤을 보내야 했다. 돈키호테는 창으로 쓸 만한 나뭇가지 하나를 꺾은 다음 부러진 창에서 빼낸 창날을 끼워 넣었다. 그날 밤, 돈키호테는 사모하는 여인 둘시네아를 떠올리면서 온 밤을 지새웠다. 기사들은 숲이나 황야에서 사랑하는 여인을 떠올리는 기쁨으로 몇 날 밤을 지샌다는 책 속의 이야기를 따르기 위해서였다. 하지만 산초 판사는 밤을 지새우지 않았다. 그의 뱃속은 우거지가 아닌 꿈으로 가득 찼기에 밤새도록 잘 수 있었던 것이다. 주인이 깨우지 않았더라면 얼굴 위로 쏟아지는 햇살도, 무척이나 기쁜 듯이 하루를 시작하는 인사를 건네는 새들의 노랫소리도 그를 깨우지 못했을 것이다. 산초는 일어나자마자 술을 한 모금 들이키고는 어젯밤보다 술주머니가 빈약해 보인다는 사실에 서글퍼졌다. 빈 술자루를 빠르게 채울 길이 없어 보였기 때문이었다. 한편, 돈키호테는 이미 말한 것처럼 감미로운 상념에 빠진 터라 아침을 먹으려 들지 않았다. 두 사람은 다시 푸에르토 라피세를 향해 길을 재촉했고, 오후 세 시경이 되어 목적지에 들어섰다.

돈키호테가 그의 이상을 대변하는 둘시네아 공주에 대한 상념으로 잠 못 이룰 때, 산초는 육신의 피로에 취해 하염없이 단잠을 잡니다. 그의 주인이 간밤의 상념에 겨워 아침밥을 거를 때 그는 배를 채우며, 점점 줄어드는 술주머니를 아쉬워하지요.

그는 자신을 따르면 섬의 영주로 임명해 주겠다는 돈키호테의 감언이설에 속아(돈키호테의 입장에서는 분명 진실이었겠지만) 기행에 따라나설 정도로 아둔하고 순박한 사람입니다. 결코 논리적인 사람은 못 되지만 정과 눈물이 많고, 우직한 충성과 의리를 아는 인물이기도 합니다. 약삭빠르게 현실적인 실리를 계산하고 행동하려 하지만 늘 그에게 찾아오는 건 주막집에서 숙식비를 내지 않은 탓에 담요 키질을 당하는 등의 불운뿐이랍니다. 하지만 술 한잔 걸치면 오늘의 시름을 잊고 내일을 기약할 줄 아는 그런 사람이죠.

"저는 제 일만 알 뿐 아무것도 모릅니다. 남이 어떻게 살든지 관심 없거든요. 물건을 사거나 거짓말을 할 때는 주머니가 그것은 안 다지 않습니까? 더욱이 알몸으로 태어나 지금도 맨주먹이니 잃을 것도 얻을 것도 없는 셈이지요. 설사 그들이 정을 통했다 하더라도 그게 저하고 무슨 상관입니까? 많은 사람들이 절인 돼지고기가 있다고 생각하지만 돼지고기를 널어 말릴 기둥조차 없기도 합니다."

어디서 많이 본 듯한 땅딸막한 체구의 배불뚝이 인정 많고 넉살 좋은 이웃집 아저씨 같은 사람, 가진 것이 없기에 먹고 살아야 하는 긴박한 생존 현장에 뛰어들어 현실적 삶의 무게를 지탱하기조차 버거운 사람, 그래서 제 몸 하나 제대로 건사하기가 힘에 부쳐 급급한 사람, 모진 현실의 아픔을 경험적으로 체득한 사람, 적나라한 현실에 영합하려고 무진 애를 쓰는 인물이지만 결코 미워할 수 없는 또 다른 우리들의 아버지, 우리들의 자화상입니다.

산초 판사는 돈키호테의 신나는 기행에 약방의 감초 같은 인물이 결코 아니랍니다. 한낱 미몽과 망상에 그칠 위험이 가득한 그의 모험에 싱싱한 현실의 숨결을 불어넣는 엄연한 또 하나의 주연이지요.

"산초, 이 모든 것에서 네가 깨우쳐야 할 점은 시간이 지우지 못할 기억이란 없는 것이며, 또한 죽음이 희석시키지 못할 고통도 없다는 것이다."

"그렇다면 불행을 사라지게 해주는 시간과 불행의 종지부를 찍어주는 죽음을 기다리는 것보다 더 큰 불행이 어디 있겠습니까?"

산초는 충실하고 의리 있는 종자였을 뿐 아니라 환상에 빠진 주인 돈키호테와 현실을 중재합니다. 끊임없이 현실을 이해시키고 환기하려고 하지요. 돈키호테와 시종일관 가치의 차이, 사는 방식의 차이를 드러내기도 하지만, 그 차이는 결코 대립되는 것이 아니라 절묘한 균형과 긴장을 이룹니다. 오히려 서로 간에 작용과 반작용을 통해 이해와 소통의 터널을 조금씩 조금씩 찾아가지요. 그리고 각자의 세계를 훌쩍 뛰어넘어 진정한 상생의 동반자로 발전합니다. 돈키호테의 산초화(化)가 이루어지고 산초의 돈키호테화가 이루어지기 시작했다고 할까요. 아마도 그것은 그들에게 현실은 경우가 다를 뿐이지 똑같은 아픔이자, 반드시 건너고 싶은 험한 물살이 일렁이는 강이기 때문일 겁니다.

현실을 온통 환상으로 도배하여 그 경계가 어딘지 모르는 돈키호테와 현실에 철저히 순응하는 산초, 그러나 누구 하나가 빠지면 전혀 그림이 될 것 같지 않은 이들의 조화는 적어도 진정한 '꿈'이란 무엇인지 자문하게 만듭니다. 바로 현실의 아픔을 치유한다는 것이지요. 이제 산초는 더 이상 섬의 영주를, 백작을 시켜주겠다는 돈키호테의 허풍을 믿지 않을 것입니다. 그러나 미치광이 돈키호테를 따라다니는 종자로서 조소를 의식하지도 않을 것입니다. 돈키호테를 통해 바라본 세상의 풍성함은 그 무엇과도 바꿀 수 없는 소중한 것이었을 테니까요. 현실이 간계를 꾸미고 사기를 치고, 사람과 사물의 본질을 왜곡시키더라도 산초에게는 늘 행복한 웃음이 분명히 번지고 있을 겁니다.

"동료들이 자신들을 그렇게 만든 용감한 이가 누구인지를 궁금해 하시거든 그분들에게 전해 주십시오. 그분은 유명한 돈키호테 데라만차 님이시며 일명 '슬픈 얼굴의 기사'라고도 불린다고요."

산초가 이렇게 말하고 있는데 학사가 발걸음을 뗐다. 돈키호테는 산초에게 왜 자신을 지금껏 들어보지 못했던 '슬픈 얼굴의 기사'라고 부르게 되었는지 물었다.

"제가 그렇게 말한 건 저 불행한 자가 들고 있던 횃불로 잠시 주인님 얼굴을 비춰보았는데 주인님이 정말이지 평생 한 번도 본 적이 없는 너무나도 비통한 얼굴을 하고 계셨기 때문입니다."

편력기사의 경이로운 세계에 몰두한 나머지 늘상 꿈에 취해 있을 것만 같은 돈키호테의 얼굴에서 '슬픔'을 솔직담백하고 우직한 시선으로 아무런 가감 없이 발견해낸 산초 덕분에 비로소 돈키호테는 자신에 걸맞은 닉네임을 갖게 됩니다. 슬픔을 진정 아는 자가 진정한 슬픔을 제대로 볼 수 있기 때문이겠지요. 현실에 순응하든 이상을 추구하든 그들의 공통분모는 결국 '슬픔'입니다. '슬픔'이란 말은 참으로 기묘한 단어입니다. 그 안에는 도저히 억제할 수 없는 고통도 소용돌이치고 있고, 아침햇살과 같은 환희도 엿보이며, 평온한 일상의 잔잔함도 깃들어 있습니다. 또한 깊숙한 침잠의 그늘 아래는 달관의 그윽한 시선이 느껴지기도 합니다. 한 꺼풀 한 꺼풀 벗길 때마다 드러나는 속살은 때로는 달콤하고, 시큼하고, 맵고, 짭니다.

우리의 인생사, 세상사라는 것 또한 이와 마찬가지겠지요. 무엇으로 단정하기 곤란한, 무엇이 튀어나올지 모르는 미로 속을 헤매는 긴 여정이겠지요.

어제도, 오늘도, 내일도 우리는 삶을 지속합니다. 그러나 살면 살수록 삶이란 그저 어렵기만 합니다. 세르반테스가 서문에서 밝혔던 평온, 아늑한 공간, 상쾌한 들녘, 맑은 하늘, 샘물의 속삭임, 고요한 영혼은 우리가 삶을 이해하고 교감하는 아주 간결하지만 아주 적절한 이유일 수 있을 겁니다.

20세기를 폭풍처럼 살다간 또 한 명의 돈키호테가 있었습니다. 그는 이렇게 삶을 말했습니다.

"우리 모두 리얼리스트가 되자. 그러나 가슴속에 불가능한 꿈을 지니자!!!"

〈문제〉 다음의 제시문 (가)와 (나)는 기사도 소설에 관한 생각의 차이를
보여주고 있다. 이 두 제시문의 차이를 비교·분석하고, 이를 토
대로 제시문 (다)에 나온 쟁점과 연관하여 오늘날 바람직한 예술
적 기준과 의미에 대한 자신의 견해를 논술하시오.

(가)

　　"신부님, 기사도 책이라 일컫는 것들이 정말로 공화국에
피해를 준다는 것을 알겠군요. 물론 저도 한가롭고 쓸데없는
기분에서 인쇄되어 나온 모든 책들의 맨 앞부분을 읽어보았지
만, 처음부터 끝까지 다 읽어본 적은 없습니다. 더 좋고 나쁠
것도 없이 모두 다 똑같아 보였기 때문에 이것이 저것보다, 혹
은 이것이 다른 것보다 더 낫다고 볼 수 없었던 것입니다. 게
다가 제가 보기에 이런 종류의 글이나 저작은 밀레토스 이야
기라 일컫는 우화들보다 못한 것으로, 단지 즐거움만 줄 뿐 교
훈성은 없는 허무맹랑한 이야기들이지요.
　　즐거움과 교훈이 함께 있는 우화와는 대조적입니다. 그런
책들의 목적이 즐거움에 있다손 치더라도 그토록 엉뚱하게 말
도 안 되는 이야기들로 가득 차 있는데 어떻게 즐거움을 줄 수

있는지 모르겠습니다. 마음속에 품는 즐거움은 앞에 놓여진 사물 속에서 시각이나 상상력을 통해 아름다움과 조화를 보거나 응시하는 것에서만 비롯되는 것입니다. 그래서 추함과 무질서가 들어 있는 것은 어떤 기쁨도 주지 못하는 것입니다. 그런데 열여섯 살짜리 소년이 탑갑이 큰 거인을 꽈배기과자처럼 단칼에 두 동강 낸다든지, 전투하는 모습을 그려보일 때 적에는 백만 대군이 있다고 말하고 나서 그들을 대항하여 이야기의 주인공이 싸운다고 하면, 믿기 어렵지만 그 기사의 강한 팔힘만으로 승리를 얻어냈다고 생각할 수밖에 없는데, 이런 이야기의 어느 곳에 아름다움이 있다는 것이며, 어느 부분이 전체 속에서 갖는 조화를 찾을 수 있다는 말입니까…

이런 제 생각에 대해, 그런 책들은 거짓 이야기를 쓰고 있는데 세세한 부분이나 진실을 바라볼 필요는 없지 않느냐고 대답한다면, 저는 거짓말도 진실처럼 보이면 보일수록 좋은 것이고, 진실에 가깝고 실현가능성이 있을수록 더욱 바람직한 것이라고 대답할 것입니다. 꾸며낸 우화들은 그것을 읽는 사람들의 이해와 부합되어야 하는데, 불가능한 일들을 쉽게 하고 충돌을 완화하며 다른 곳에 신경 쓸 틈을 주지 않게 하여 독자들이 놀라고 거기에 매달려 미쳐 날뛰고 즐거워할 수 있도록 하기 위해 놀라움과 기쁨이 함께 갈 수 있도록 글을 쓰는 것입니다. 이 모든 일들은 작품의 완성도가 달려 있는 바로 이 점, 즉 진실을 모방하여 그럴듯하게 하는 것을 싫어하는 작가는 할 수 없는 일입니다. 저는 기사도 책 가운데 작품의 중간 부분이 서두에 상응되도록, 또 결말이 서두나 중간에 상응되도록 하여 모든 부분들이 우화 전체와 하나가 되는 것을 본 적이 없습니다. 오히려 그런 부분 부분들을 합쳐놓아서 제가 보기엔 균형 잡힌 하나의 모습보다는 키메라 같은 괴물을 만들어놓은 것 같습니다. 이밖에도 거친 문체에다 무훈은 터무니없고, 연애는 음탕하고 예의 없고, 전투는 너무 길고, 말은 바보 같고, 여행은 엉터리 같고, 궁극적으로 모든 신중한 기교와는 거리가 멀기 때문에 쓸모없는 사람들을 추방하는 것처럼 이 책들도 기독교 공화국에서 내쫓을 만한 것입니다."

신부는 매우 주의 깊게 그의 말을 듣고는 그가 훌륭한 분별력의 소유자이며, 그가 한 말이 모두 옳다고 생각했다. 그래서 자신의 생각도 같다며 기사도 책들에 앙심을 품고 돈키호테의 수많은 책들을 모두 불태워버렸다고 했다. 그가 적잖이 웃으며 말하기를 그 책들이 자신이 말한 온갖 나쁜 점에도 불구하고 한 가지 좋은 점을 발견했는데, 그것은 그 책 속에서 훌륭한 분별력을 발휘하기에 좋은 테마가 제공된다는 것이라고 말했다.

(나)

"그런 소리 마시오! 국왕 폐하의 윤허로 인쇄되고, 인가를 얻어서 사람들에게 유포되었으며, 어른과 아이들, 가난한 자와 부자들, 학식이 있는 자와 우매한 자들, 평민과 기사들, 다시 말해 신분과 지위의 고하를 떠나 모든 종류의 사람들이 한결같은 기쁨으로 읽고 칭찬한 책들이 어찌 거짓일 수 있겠소? 더구나 그토록 진실성을 띠고 아버지와 어머니, 고향, 친척, 나이, 장소, 이러저러한 기사나 기사들이 행한 무훈들을 날마다 자세히 우리에게 이야기해 주는데도 거짓말투성이로 이루어졌단 말이오? 귀공은 입을 다물고 그런 모욕적인 발언은 삼가시오. 그리고 분별 있는 사람으로서 의당 해야 할 바를 이런 식으로 내가 귀공에게 충고하고 있다는 것을 명심하고 책을 읽으시오. 그리하면 그 이야기에서 어떠한 기쁨을 얻게 되는지 알게 될 것이오. 그렇지 않다면, 말해 보시오.

지금 여기 우리들 앞에 보글보글 끓는 콜타르의 큰 호수가 나타나고, 그 속을 큰 뱀, 작은 뱀, 도마뱀, 그 밖에 온갖 종류의 무섭고 끔찍한 생물들이 헤엄치고 다니는데, 호수 한가운데서 매우 구슬픈 목소리로 '그대, 기사여, 이 무서운 호수를 바라보고 있는 그대가 누구든지 간에, 그대가 이 검은 물 밑에 숨겨진 보물을 손에 넣고 싶다면, 그대 강인한 가슴속의 용기를 발휘하여 이 검고 타오르는 물속에 몸을 던지라. 왜냐하면 그대가 그렇게 하지 않는다면, 이 암흑 속에 묻혀 있는 일곱 요정이 사는 일곱 개의 성에 간직되어 유지되고 있는 아주 놀랍고 경이로운 일들을 볼 수 없을 테니 말이다'라는 것보다 더 재미있는 일이 어디 있겠소? 그리고 그 기사가 이 무서운 소리를 듣자마자, 사려 깊게 차분히 생각하지도 않고, 또 앞으로 자신에게 일어날 위험에도 전혀 개의치 않은 채, 하물며 몸에 걸치고 있는 무거운 무기로 인한 괴로움에서 벗어날 생각도 없이, 신과 자신이 섬기는 여인의 가호를 빌면서 끓어오르는 호수 한가운데로 몸을 던져 자신이 어디에 있는지 깨닫지도 못하는 사이에, 어떠한 곳과도 비교할 수 없는 낙원과 같은, 꽃들이 만발한 들판에 서 있게 된다면 어떻게 하겠소? 그곳에서 그가 본 하늘은 대단히 청명하고, 태양은 더 한층 밝고 환하게 비추는 것처럼 느껴진다오. 그리고 그의 눈앞에는 아주 푸르고 잎이 무성한 나무들로 가득한 고요한 숲이 펼쳐지는데, 그 초목의 아름다움은 눈에 기쁨을 안겨주며, 뒤얽힌 나뭇가지 사이를 날아다니는 수많은 다채로운 빛깔의 작은 새들이 지저귀는 달콤하고 알 수 없는 노래 소리는 마음을 즐겁게 하오. 또한 이곳에는 시냇물이 하나 흐르는데, 수정체로 이루어진 듯한 맑고 신선한 물이, 체에 거른 황금이나 순수한 진주와 같은 자잘한 모래와 하얀 자갈 위를 흐른다오…

그들이 기사를 다른 홀로 안내하자 그곳에는 너무나도 골고루 잘 차려진 식탁이 준비되어 있어, 기사는 그 광경에 얼떨떨하고 놀라웠다고 하오. 또 한 손에 부어주는 물이 용연향과 향기 좋은 꽃을 증류한 것이었다니? 상아의자에 앉게 되었다니? 또 모든 처녀들이 놀랍도록 침묵을 지키며 기사의 시중을 들었다니? 아주 훌륭하고 맛있게 요리된 갖가지 음식들로 인해 어느 것부터 손을 대야 좋을지 몰랐다니? 식사중에 누가 노래를 부르는지 어디서 울리는지 모르는 음악 소리가 들려온다니, 놀랍지 않소? 이윽고 식사가 끝나고 식탁이 치워진 후, 기사가 의자에 몸을 기대고 습관처럼 이를 손질하고 있는데, 갑자기 앞에 나온 처녀들보다 훨씬 더 아름다운 처녀 하나가 방문으로 들어와 기사 옆에 앉더니, 이곳이 어떠한 성이며 그녀가 어떻게 마법에 걸려 성에 갇혀 있게 되었는가에 대한 사연과 함께, 기사가 놀라워하고 또한 이 기사의 이야기를 읽고 있는 독자들도 감탄할 만한 다른 일들에 대해 그에게 이야기하기 시작한다면?"

귀공이 울적해 있을 때 그것을 씻어줄 것이고, 마음이 언짢을 때는 기분을 북돋아줄 것이오. 나로 말할 것 같으면, 편력기사가 되고부터 용감하고 공손하고 민첩하고 예의바르고 너그럽고 정중하고 대담하고 정답고 인내심 있으며, 고생도 속박도 마법에도 굴하지 않는 사람이 되었다고 말할 수 있소. 비록 얼마 전부터 광인으로 취급받아 우리에 갇혀 있기는 하지만, 내 생각에 용기를 내어 하늘이 돕고 운명이 나를 저버리지 않는다면, 나는 근시일 내에 어느 왕국의 왕이 되어 그곳에서 이 가슴속에 숨겨진 감사함과 관대함을 펼치게 될 것이오.

(다-1)

문: 피의자의 작품을 청소년들을 비롯한 피의자의 작품 세계

를 이해하지 못하는 일반인들이 읽는다면 어떠한 영향을 받을 것으로 생각하는가요?

답: 만일 청소년들이 저의 작품을 읽는다면 매우 좋지 않은 영향을 받을 것으로 생각합니다. 그러나 저의 작품은 성인들을 대상으로 쓰인 작품이기 때문에⋯

문: 지금 여고생이나 여중생의 임신이 문제가 되고 있을 정도로 성의 무방비 상태에 있는 미성년자들이 이 소설과 같은 음란한 내용의 책을 본다면 어떠한 일이 일어날지 생각해 보았는가요?

답: 미성년자들이 저의 소설을 읽는다면 분명히 좋지 않은 영향을 받을 것이라는 사실은 인정합니다. 그러나 굳이 저의 소설이 아니더라도⋯

─소설의 음란성 여부에 대한 검사와 작가의 문답

(다-2)

육체를 성적(性的)인 맥락에서 성적인 자극과 흥분 상태를 드러내는 방식으로 다루는 것이 외설이라고 한다면, 예술이 그와 같은 표현 형식을 사용할 때는 분명히 예술도 외설이 아닐 수 없다. 일반적으로 하나의 고정 관념으로 고착화된 '예술이 아니면 외설'이라는 식의 개념 정리는 그런 의미에서 잘못된 것이다.

육체는 성적으로 다루어질 자유를 가지며, 예술을 포함해서 사회의 모든 외설적 성 표현물을 모조리 금기시할 수는 없다. (문제가 되는 것은) 범죄적 수준의 반사회성을 띠는 경우에 해당하는 성 표현물들로 국한된다. 이 점에서 외설과 형법에서 말하는 '음란'은 의미가 달라진다.

소설은 법이 보호하는 예술의 자유의 보호 영역에 속하고, 예술은 존재 그 자체로서 사회적 가치를 지닌다. 예술은 현실을 반성하고, 현실의 보이는 것 그대로를 회의하고 정체를 뒤집어 보는 실험의 성격을 갖고 있으므로, 예술적 실험은 본질적으로 기존 가치, 질서와의 충돌을 내포할 수 있다. 이것이 예술이 지니는 하나의 본질적 기능임을 받아들여야 하고, 예술은 사회에 대한 부정으로서의 사회적 가치를 지닌다.

—위 작가에 대한 변론기에서

다락원 명작노트 045

돈키호테

펴낸이 정효섭
펴낸곳 (주)다락원

초판 1쇄 인쇄 2007년 6월 5일
초판 1쇄 발행 2007년 6월 12일

책임편집 안창열, 김지영
디자인 손혜정, 박은진
번역 오성환
삽화 손창복

다락원 경기도 파주시 교하읍 문발리 509-1
Tel:(02)736-2031 Fax:(02)732-2037
(내용문의: 내선 410/구입문의: 내선 113~114)
출판등록 1977년 9월 16일 제300-1977-23호

Copyright © 2007, 다락원

출판사의 허락 없이 이 책의 일부 또는 전부를
무단 복제·전재·발췌할 수 없습니다.
잘못된 책은 바꿔 드립니다.

값 8,500원

ISBN 978-89-5995-160-4 43740